Jenseitsfantasien

meinem verstorbenen Vater Hermann Becker

Jenseitsfantasien

Über den Tod, das Gericht und das ewige Leben

von

Klaus Becker

© 2023 Klaus Becker
Herstellung und Verlag:
BoD – Books on Demand, Norderstedt
ISBN: 9783756881949

INHALT

VORWORT 7

Über das Diesseits 11

Über das Ende des Diesseits 13

Über das persönliche Ende 23

Über die Biologie des Sterbens 27

Über Nahtoderfahrungen 31

Über die Seele 37

Über das Jenseits 45

Über Weltanschauungen und Religionen 47

Über Auferstehung und ewiges Leben 51

Über das Jüngste Gericht 57

Wie ist das nun mit Himmel und Hölle? 71

Wie sich der Mensch Gott vorstellt 79

Existiert der Allmächtige? 89

Warum existiert die Welt? 101

Die Zukunft der Menschheit 105

LITERATUR 111

VORWORT

Liebe Leserin, lieber Leser, im Buch geht es um ein Thema, das in unserer schnelllebigen Zeit beinahe tabu ist, über das also nicht, jedenfalls nicht so gerne, gesprochen wird. Es geht ums Sterben, den Tod und um das, was danach kommt. Aber warum die Tabuisierung des Themas? Obgleich wahrscheinlich schon jede und jeder Erwachsene dem Sterben und dem Tod begegnet sind, dem Tod der Eltern, dem der Partnerin, des Partners oder dem anderer geliebter Menschen oder sogar dem der eigenen Kinder. Es hängt wohl damit zusammen, dass in unserer Gesellschaft andere Themen im Vordergrund stehen: Der Kampf um tägliche Brot, Erfolg, Geld, Schönheit und am liebsten ewige Jugend. Darin lassen sich Gedanken an den eigenen Tod nicht so leicht einreihen. Wir möchten offensichtlich nicht daran denken, dass wir selbst oder andere geliebte Menschen eines Tages nicht mehr da sein werden. Der Tod erscheint uns abstrakt. Wir wissen nicht, wie er sich anfühlt und was danach passiert. Diese Ungewissheit macht Angst, obwohl uns die Religionen Vorstellungen vom Tod und dem, was danach passiert, seit Menschengedenken vermitteln, jedenfalls versuchen, zu vermitteln. Doch es gibt nun einmal keine Beweise und das ganze Thema bleibt notwendigerweise geheimnisumwittert. Andererseits kann die Nichtbeschäftigung mit dem Tod als eine Art unbewusste Überlebensstrategie gesehen werden. Solange es eben geht und wir nicht unmittelbar betroffen sind. Die vorliegende Schrift ändert nichts, sie ist auch nicht als Lebenshilfe gedacht. Sie beschreibt ausschließlich die Sicht des Autors. Du wirst fragen, wen die Ansicht eines Zeitgenossen und dazu noch eines ziemlich unbedeutenden, über das Sterben und den Tod, das Diesseits und das Jenseits und allem, was damit zusammenhängt, interessieren soll. Diese Frage ist durchaus berechtigt. Die Ansicht des Autors ist tatsächlich nur eine unter vielen denkbaren Ansichten und, wenn du so willst, gewissermaßen nur eine Anregung, das Thema zu denken.

Weltbild und Weltanschauung sind Begriffe, die mit diesen Fragen zusammenhängen. Mit Unterstützung aus dem Netz definiere ich sie.

Weltbild (lateinisch Imago mundi) steht für ein Modell der wahrnehmbaren Welt. Dabei ist der objektive und wissenschaftstheoretische Ansatz vorherrschend.

Unter einer Weltanschauung versteht man die auf Wissen, Überlieferung, Erfahrung und Empfinden basierende Gesamtheit persönlicher Wertungen, Vorstellungen und Sichtweisen, die die Deutung der Welt, die Rolle des Einzelnen in ihr, die Sicht auf die Gesellschaft und den Sinn des Lebens betreffen.

Damit ist klar, um was es in dem vorliegenden Büchlein geht, es geht um eine Weltanschauung.

Sobald wir uns mit dem Sinn des Lebens und den Fragen unserer und der Existenz der Welt beschäftigen, geht dies nur mit einer Außenweltperspektive. Das heißt, wir müssen uns in eine übernatürliche Außenweltperspektive versetzen, gewissermaßen in eine jenseitige Welt und versuchen auf diese Weise dahinter zu kommen. Es wird aber notgedrungen ausschließlich unseren Gehirnen entsprungen sein, was wir dabei herausfinden. Und diese jenseitige Welt, die sich in den Gehirnen seit Jahrhunderten breit gemacht hat, wenn sie auch in den westlichen Gesellschaften zunehmend schrumpft, die möchte ich gerne erkunden. Bei dieser Erkundung hilft mir immer wieder das sogenannte Parsimonitätsprinzip, auch Prinzip der sparsamen Erklärung. Es war eines der Prinzipien, auf die der Philosoph und Theologe Wilhelm von Ockham (*um 1288; †1347) seine Arbeiten und Überlegungen gründete. Dieses Prinzip schreibt bei der Bildung von erklärenden Hypothesen und Theorien Sparsamkeit vor, soll heißen: Wenn man vor der Wahl mehrerer möglicher Erklärungen für dasselbe Phänomen steht, sollte man die einfachste bevorzugen. Dabei ist eine Erklärung einfach, wenn sie mit möglichst wenigen Annahmen auskommt. Diese Vorgehensweise ist als „Ockhams Rasiermesser" in die Philosophiegeschichte eingegangen. Das „Rasiermesser" wird als Metapher verwendet. Die simpelste und einfachste Erklärung ist zu wählen, alle anderen werden mit einem Rasiermesser abrasiert. Die Anwendung des Ockhamschen Rasiermessers eignet sich insbesondere für Erzählungen, die sich mit dem Jenseits befassen. Die diesseitige Welt ist so komplex, dass viele Weltversteher gerne ins Jenseitige ausweichen und denken, dass sich auf diese Weise einiges erklären lässt. Die Erzählungen über das Jenseits nehmen dabei allerdings Formen an, die am Verstand der Schöpfungskrone schon mal zweifeln lassen. Sie können nur rasiert werden. Wir werden im Laufe des Buches einige Beispiele kennenlernen.

Mein Verständnis von der Welt ist relativ einfach und kommt ohne Schnörkel und ohne Legenden aus. Das anerkennend, was ist und ohne zu erfinden, was nicht ist. Obgleich es nicht so ganz einfach ist mit dem „Ist". Das gilt auch für die Welt der Physik, nicht zuletzt für die der Quantenphysik (siehe zum Beispiel bei „Nik, der kleine Physiker" oder, wer es genauer wissen möchte, bei „Können wir die Welt verstehen? Meilensteine der Physik von Aristoteles zur Stringtheorie"). Unabhängig davon habe ich Respekt vor den Überzeugungen der Mitmenschen, solange diese sie nicht dazu verleiten, Andersdenkenden die Köpfe einzuschlagen. Mein Weltverständnis hilft mir auch, Antworten auf die wesentlichen Fragen unseres Hierseins zu finden: Warum ist das Universum entstanden? Gibt es einen Schöpfer? Nimmt er gegebenenfalls Einfluss auf die Entwicklung des Universums? Wie und warum sind wir Menschen in diese Welt gekommen? Unterliegt unser Dasein einem göttlichen Plan? Gibt es einen persönlichen Gott? Gibt es ein Leben nach dem Tod? Warum lässt Gott das Leid der Welt zu? Oder ist alles viel einfacher und unkomplizierter und wir nur ein Produkt der Evolution?

Ich wünsche viel Freude beim Lesen.

Oberwesel, im Juni 2023.

Über das Diesseits

Diesseits ist zunächst eine Ortsbestimmung. „Diesseits des Flusses führt eine parallel zu ihm verlaufende Straße in die nächste Ortschaft". Dies kann nur jemand behaupten, der sich auf derselben Seite des Flusses befindet wie die Straße. In substantivierter Form ist diese Ortsbestimmung ein religiös-philosophischer Begriff geworden. Diesseits steht dabei für die Wirklichkeit der Welt. Antonym zu Diesseits ist der Begriff des Jenseits. Er basiert ebenfalls auf einer Ortsbestimmung. Im obigen Beispiel bedeutet jenseits des Flusses auf der anderen Seite des Flusses, also nicht auf der Seite des Betrachters. Die Trennlinie zwischen diesseits und jenseits ist der Fluss. Jenseits in substantivierter Form steht in Analogie zum Diesseits für die jenseitige „Wirklichkeit". Die Trennlinie zwischen dem Diesseits und dem Jenseits ist der Tod. Der Vergleich mit dem Fluss wäre kein Vergleich, wenn er nicht „hinken" würde. Aber an welcher Stelle hinkt er nun, der Vergleich des Flusses mit dem Tod? Nun, die Frage, ob der Fluss zum diesseitigen oder jenseitigen Teil des Flusses zählt, ist ziemlich unsinnig. Man könnte zum Beispiel die Flussmitte als Trennlinie wählen. Der Tod dagegen zählt zum Jenseits. Manche behaupten, der Tod gehöre zum Leben, also zum Diesseits. Das ist natürlich Unsinn, denn der Tote befindet sich nicht mehr im Diesseits, er ist im Jenseits, wenn auch nicht sicher ist, ob das Jenseits überhaupt existiert, denn davon erzählen uns ausschließlich unsere Gehirne. Ich komme darauf im Kapitel „Über das Jenseits" zurück.

Zum Diesseits zählen alle Orte und Zeiten, also Raumzeiten des Universums. Ich denke, es gibt viele Orte und Zeiten im Universum, Raumzeiten also, die Leben hervorgebracht haben und noch hervorbringen werden. Unabhängig davon sind die Lebensformen, die sich auf der Erde ausgebildet haben, einschließlich der Lebensform Mensch, möglicherweise einmalig. Extraterrestrisch wird es keine Menschen und keine Dinosaurier geben. Auch das, denke ich, ist mit einiger Wahrscheinlichkeit so. Bemerkenswert sind in diesem Zusammenhang die Gedanken des französischen Astronomen Nicolas Camille Flammarion (*1842;

†1925). 1861, im Alter von 19 Jahren, veröffentlichte er „Die Mehrheit der bewohnten Welten". Darin setzte er sich mit der Möglichkeit von Leben auf anderen Himmelskörpern auseinander und vertrat die Auffassung, dass die Erde keine Sonderstellung einnähme, sondern Leben auch auf den anderen Planeten des Sonnensystems existieren könne. In diesem Zusammenhang beschäftigte er sich auch mit der Frage nach dem Sinn des Universums. Er entwickelte folgenden Gedanken: „Wenn das Universum auch zufällig entstanden ist – also sinnlos ist, ohne Plan –, so ist es doch groß genug, um an anderer Stelle Leben hervorzubringen. Haben das Universum und das Leben auf der Erde aber einen Sinn, so wäre es abwegig zu glauben, dass dieses wundersame und vielfältige Universum geschaffen wurde ohne weitere Lebewesen, die dieses wahrnehmen und erforschen sollten". Flammarion kommt also zu dem Ergebnis, dass es extraterrestrisches Leben gibt. Diese Gedanken eines Neunzehnjährigen und dazu noch im Jahre 1861, haben mich tief beeindruckt und wohl nicht nur mich. In seinem 1888 erschienenen populärwissenschaftlichen Band „L'atmosphère. Météorologie populaire" wurde im Kapitel „La forme du ciel" der Holzstich eines unbekannten Künstlers abgebildet, der als „Flammarions Holzstich" in die Geschichte eingegangen ist und unzählige Male reproduziert wurde. Die Abbildung (aus Flammarions Holzstich – Wikipedia) zeigt das Bild des Holzstichs aus Flammarions Werk.

Über das Ende des Diesseits

Weltuntergangs- und Endzeitszenarien waren seit jeher eine beliebte Methode der Religionen, um ihre Schafe in Schach zu halten. Gepaart mit der Erzählung vom Endgericht, das über ewiges Glück bzw. ewige Verdammnis entscheiden würde, war diese Methode viele Jahrhunderte lang erfolgreich. Siehe dazu auch im Kapitel „Über das Jüngste Gericht". Allerdings ging es dabei stets um den Untergang der Menschenwelt und des Menschen, nicht um den der Welt. Aber auch heute noch wird die Erde schon mal gerne mit der Welt verwechselt. Die Weltuntergangsuhr beispielsweise ist eine symbolische Uhr, die anzeigen soll, wie groß das Risiko einer globalen Katastrophe ist. Sie wird von der Zeitschrift „Bulletin of the Atomic Scientists" veröffentlich und berücksichtigt in erster Linie das Risiko eines Atomkrieges und das einer globalen Klimakatastrophe. Im Englischen heißt sie übrigens doomsday clock, was so viel heißt wie Uhr des Jüngsten Gerichts. Bei uns wird sie auch schon mal Atomkriegsuhr genannt. Die Entscheidung über den Zeigerstand trifft der BAS-Aufsichtsrat gemeinsam mit einem Sponsorenrat, in dem zum Beispiel 2019 siebzehn Nobelpreisträger saßen. Die Kriterien für die Bestimmung der Untergangsuhrzeit werden von den Herrschaften allerdings nicht offengelegt. 1947 wurde sie mit der Zeigerstellung sieben Minuten vor zwölf gestartet und seither in Abhängigkeit von der Weltlage vor- oder zurückgestellt. Seit dem 25. Januar 2018 stand sie auf zwei Minuten vor zwölf. Am 24. Januar 2023 wurde sie auf 90 Sekunden vor zwölf gestellt, so nah am Untergang wie bisher noch nie. Ausschlaggebend für das Vorrücken der Zeiger in Richtung zwölf waren die russische Invasion der Ukraine, die nach Ansicht der Weltuntergangsglöckner das Risiko des Einsatzes von Atomwaffen erhöht, das Gespenst des Einsatzes biologischer und chemischer Waffen heraufbeschwört, die Reaktionen der Welt auf den Klimawandel lähmt und internationale Bemühungen behindert.

Aber es existieren weitere Risiken für den Untergang der Erde und der Menschen. In „https//www.praxistipps.chip.de/achtung-weltuntergang-7-szenarien-die-tatsaechlich-eintreten-koennten_93941" werden zum

Beispiel 7 Risiken unter der reißerischen Überschrift „Achtung, Weltuntergang: 7 Szenarien, die tatsächlich eintreten könnten" aufgezählt, allesamt ausschließlich unseren winzigen Planeten und dessen Bewohner betreffend, so, als seien die Erde und ihre Bewohner die Welt. Hier sind sie nun, die 7 Szenarien. Dabei sind auch die bereits genannten, Atomkrieg und Klimawandel:

1. **Atomkrieg:** Ein menschlicher Irrtum oder technisches Versagen könnten neben einem gezielten Erstschlag dazu führen, dass ein atomarer Krieg ausgelöst wird. Das würde nicht nur zum unmittelbaren Tod von Millionen von Menschen führen, sondern auch Mensch, Tier und Pflanzen verstrahlen und große Teile des Planeten unbewohnbar machen. In den Gazetten (siehe beispielsweise www.news.de/panorama/855700759/studie-ueber-atomwaffen-100-atombomben-reichen-fuer-zerstoerung-der-welt/1/) findet man schon mal reißerische Artikel auch zu diesem speziellen Thema: „Erschreckende Studie: So wenig Atombomben reichen für das Ende der Menschheit" und weiter „Laut Schätzungen einer neuen Studie gibt es 15.000 Atombomben über den gesamten Globus verteilt. Genug Zerstörungskraft, um uns 150 Mal auszulöschen." Das ist natürlich Aktivistengeschrei. Kein Wort über die Sprengkraft des weltweit verfügbaren Arsenals und kein Wort über die Erstschlagswahrscheinlichkeit. Ich möchte mit dieser Bemerkung keineswegs das Risiko eines Atomkriegs schmälern, nur ein wenig zurechtrücken.

2. **Künstliche Intelligenz:** „Künstliche Intelligenz könnte einen eigenen Willen entwickeln", warnte der britische Physiker und Astrophysiker Stephen Hawking (* 1942; † 2018) und fügte hinzu: „Die Entwicklung Künstlicher Intelligenz könnte entweder das Schlimmste oder das Beste sein, was den Menschen passiert ist." Der Mensch könnte in der Lage sein, eine Form künstlicher Intelligenz zu entwickeln, die ihm irgendwann überlegen ist und sich im schlechtesten Fall gegen ihn wendet, die Menschheit auslöscht und ohne sie weiter existiert. Diese Erzählung über die KI übersteigt leider meine Vorstellungskraft und ich gebe es auf, es mir vorstellen zu wollen. Ich denke nur, wenn Hawking davor warnt, dann ist zumindest nicht nichts dran.

3. **Supervulkane:** Supervulkane sind die größten bekannten Vulkane, die bei Ausbrüchen riesige Calderen (Einbruchskessel) hinterlassen. Als Supereruption werden Ausbrüche mit dem Vulkanexplosionsindex 8 (VEI-8) bezeichnet. Maßgeblich für diese Indizierung sind die Menge des ausgestoßenen vulkanischen Materials (Tephra) und die Höhe der Eruption. Die Skala beginnt mit Stufe 0 und ist ab Stufe 2 logarithmisch aufgebaut, sodass von da ab die jeweils nächsthöhere Stufe einen zehnmal größeren Vulkanausbruch beschreibt. Die Skala ist wie die Richterskala (Skala für Erdbeben) nach oben hin offen. VEI-8 bedeutet, dass mehr als 1.000 Kubikkilometer Material ausgeworfen werden, also ein Berg von 10 mal 10 mal 10 km. Die Auswirkungen kann sich wahrscheinlich kein Mensch vorstellen. Der letzte Ausbruch eines Beinahe-Supervulkans war der Ausbruch des Tambora auf der östlich von Java gelegenen Insel Sumbawa. Er wird mit VEI-7 angegeben und soll $110 - 160$ km^3 Material ausgeworfen haben. Der Ausbruch passierte im April des Jahres 1815. Das durch die Eruption ausgeworfene Material führte zu einer globalen Klimaveränderung. Die Auswirkungen auf das Wetter Nordamerikas und Europas waren so stark, dass das Jahr 1816 als „Jahr ohne Sommer" in die Geschichte eingegangen ist. Missernten verursachten die größte Hungersnot des 19. Jahrhunderts. Neben zahlreichen Toten würde der Ausbruch eines Supervulkanes auch heute mit hoher Wahrscheinlichkeit Hungersnöte, Flüchtlingsströme und Wirtschaftskrisen auslösen. Dass die Menschheit aussterben und die Erde untergehen würde, ist wohl nicht wahrscheinlich. Diskutiert wird in letzter Zeit wieder einmal über einen bevorstehenden Ausbruch des Yellowstone-Supervulkans. Auch er würde die Menschheit wahrscheinlich nicht umbringen. Was allerdings die Auguren so von sich geben, ist schon sehr beängstigend: Unmittelbar nach der Eruption würden wahrscheinlich zehntausende Menschen alleine durch den Niederschlag aus Lava, Gesteinsbrocken und Asche umkommen, die Lava innerhalb kürzester Zeit eine riesige Fläche um das Ausbruchszentrum herum bedecken und alles Leben abtöten. Die in die Atmosphäre geschleuderten Gase und Vulkanasche würden sich dort verteilen und weltweit den Himmel verdunkeln, sodass weniger Sonnenlicht zur Erdoberfläche durchkäme mit der Folge eines sogenann-

ten „Vulkanischen Winters". Nach den beiden letzten Ausbrüchen des Yellowstone dauerten diese Winter jeweils bis zu 80 Jahre mit Missernten und Hungersnöten. Ein erneuter Ausbruch würde weltweit Millionen, wenn nicht Milliarden Menschen betreffen und unzählige Todesopfer fordern. Wenn man sich die Mechanismen ansieht (siehe zum Beispiel Vulkan – Wikipedia), die zu einer Eruption führen, muss man notwendigerweise zu dem Schluss kommen, dass ein erneuter Ausbruch keine Frage des „Ob", sondern nur eine Frage des „Wann" ist.

4. **Pandemien:** Zu den best erforschten Katastrophenszenarien zählen wohl Pandemien. Die Bedrohung besteht in der potentiell schnellen weltweiten Ausbreitung der Erreger, die sich infolge der Globalisierung ungleich schneller verbreiten als zum Beispiel noch die Pest. Diese brachte in den Jahren 1346 bis1353 geschätzt 100 bis 125 Millionen Menschen den schwarzen Tod. Die jüngste Pandemie, Covid-19, führte in gut drei Jahren zu weltweit etwa 18 Millionen Toten. Bisher hat noch keine Pandemie die Menschheit dahingerafft. Ich nehme an, wenn ich es auch wissenschaftlich nicht begründen kann, dass keine derartige Pandemie denkbar ist, insbesondere unter Berücksichtigung der medizinischen Möglichkeiten, die sich der Mensch inzwischen erarbeitet hat.

5. **Einschlag eines Himmelskörpers:** Asteroiden sind wohl die Himmelskörper, die in diesem Kontext eine Rolle spielen. Asteroiden bewegen sich auf keplerschen Umlaufbahnen um die Sonne, sind größer als Meteoriden (bis zu einem Durchmesser in der Größenordnung von Metern) und kleiner als Zwergplaneten (ab einem Durchmesser in der Größenordnung von ca. tausend Kilometern). Zurzeit (Februar 2023) sind über 1,265 Millionen Asteroiden bekannt und in jedem Monat werden mehrere tausend neu entdeckt. Die tatsächliche Anzahl wird wohl in mehrere Millionen gehen. Asteroiden sind in der Regel unregelmäßig geformte Körper. Um eine annähernd kugelförmige Gestalt annehmen zu können, ist die Masse nicht groß genug. Nur die wenigsten der Millionen Asteroiden haben einen Durchmesser von mehr als einigen hundert Kilometern. Das Aussterben der Saurier vor etwa 66 Millionen Jahren ist dem Impakt eines Asteroiden am Rande der Yukatan-Halbinsel im Golf von Mexiko geschuldet. Die Folgen waren zunächst eine starke Aufheizung

der Atmosphäre, gefolgt von einer rapiden Abkühlung als Folge des Eintrags von Schwefelsulfat in die Stratosphäre, das die Sonneneinstrahlung um 10 bis 20 % und das über Jahre hinweg reduzierte. Man spricht in diesem Zusammenhang von einem „Impakt Winter" mit Auswirkungen auf die Photosynthese von Landpflanzen und Meeresalgen als Primärproduzenten der terrestrischen und maritimen Ökosysteme. Eine weitere Folge des Impakts waren wahrscheinlich schwere Erdbeben und Tsunamis, die noch tausende Kilometer vom Einschlagsort entfernt auftraten. Ein hinreichend großer Impakt hätte natürlich auch das Potential, die Erde aus ihrer Bahn zu werfen. Damit wäre es auch mit der Menschheit vorbei.

6. **Extreme Klimaveränderungen:** Die Gefahr, die ein weltweiter Temperaturanstieg auslösen könnte, besteht in der Zerstörung der lebensnotwendigen „Infrastruktur". Arten werden zunehmend aussterben oder abwandern. Dadurch verändern sich die damit verbundenen Ökosysteme. Und schließlich leidet auch die Menschheit darunter. Extreme Klimaveränderungen haben katastrophale Folgeeffekte wie beispielsweise Kriege um knappe Ressourcen und Flüchtlingswellen. Ich komme im Kapitel „Die Zukunft der Menschheit" auf dieses spezielle Untergangsrisiko noch einmal zurück.

7. **Aliens:** Über die Frage, ob es intelligentes Leben im Universum gibt, habe ich mich im Kapitel „Über das Diesseits" schon ausgelassen. Ich halte es für sehr wahrscheinlich und seine Entdeckung ist keine Frage des „Ob", sondern eine des „Wann". Allerdings wird es keine extraterrestrische Menschen und keine sonstigen „erdenen" Lebewesen geben, denke ich. Bis heute sind noch keine Außerirdischen „gesehen" worden, aber was nicht ist, kann ja noch werden. Ich bin allerdings sehr skeptisch, dass uns gegebenenfalls existierende intelligente Lebewesen aus dem All besuchen können, genauso wenig, wie wir intelligente Lebewesen im All besuchen können. Die These, dass die Lebenszeit eines Sterns nicht ausreicht, um Lebewesen zu Weltraumfahrern evolutionieren zu können, ist a priori sicher nicht von der Hand zu weisen.

Dass es gerade sieben Szenarien sein sollen, halte ich für ziemlich verdächtig. In vielen Kulturen stand und steht nämlich die Sieben mit religiösen Inhalten in einem engen Zusammenhang. Der jüdische Leuchter beispielsweise hat sieben Arme und die Johannesapokalypse erzählt von sieben biblischen Plagen. Vom Buch mit sieben Siegeln ist die Rede, bei dessen Öffnung die apokalyptischen Reiter auf den Plan treten (siehe zum Beispiel „de.wikipedia.org/wiki/Apokalyptische_Reiter"). Und im siebten Himmel zu sein bedeutet heute noch die höchste Glückseligkeit. „In der pythagoreischen Numerologie hatte die 7 als einzige Zahl die Bedeutung von Weisheit und Unabhängigkeit" (siehe „www.psychologischenumerologie.eu/blog/zahlenmystik-mystische-bedeutung-der-zahlen-1-bis-9/#tab-con-6"). Wenn es auch Szenarien mit der mystischen Anzahl sieben sind, die Wahrscheinlichkeiten für das Eintreffen einiger der genannten ist durchaus ungleich null, wobei ich dem an Position sechs genannten die größte Eintrittswahrscheinlichkeit einräume. Wahrscheinlich wird keines der genannten Szenarien die Menschheit ausrotten und die Erde untergehen lassen bis vielleicht die Klimaveränderungen, falls sie nicht aufgehalten werden können. Wenngleich die Folgen jedes der Ereignisse für die betroffenen Regionen und Menschen verheerend wären und die betroffenen Menschen durchaus der Meinung sein könnten, dass gerade der Weltuntergang stattgefunden hat.

Man kann sich natürlich noch viel verrücktere Untergangsszenarien ausdenken. Wild Cards ist das Stichwort. Aber was sind Wild Cards? Der Begriff stammt ursprünglich aus dem Bereich des Kartenspiels und wurde dann metaphorisch auf andere Bereiche übertragen. Im Kontext der Zukunftsforschung sind Wild Cards seltene und überraschende Ereignisse mit massiven Auswirkungen. Ein „Wild-Card"-Ereignis wäre zum Beispiel das Herausschleudern der Erde aus dem Sonnensystem durch die Gravitationskraft eines nahe vorbeiziehenden Sterns. Derartige Ereignisse kann man sich natürlich ausdenken. Man kann sich auch ausdenken, dass Gott irgendwann eingesehen haben wird, dass es doch nichts war mit der Erde und seinen Ebenbildern und er vor lauter Wut der Erde kurzerhand einen Stoß versetzt und sie im Weltraum verschwinden lässt. Ich sehe ein, dieses Ereignis ist extrem unwahrscheinlich, aber mit denkbar massiver Wirkung.

Ziemlich sicher ist aber, dass unsere Sonne irgendwann den „Geist" aufgibt und uns Menschen keine Überlebenschance lässt. Bevor sie den

Geist aufgibt, wird sie uns allerdings gewaltig einheizen. Zurzeit befindet sie sich in einer stabilen Phase, in der sie Wasserstoff zu Helium fusioniert (siehe zum Beispiel in „Nik, der kleine Kosmologe"). Dies wird aber nicht so bleiben. Ihre Strahlungsleistung nimmt nämlich zu und in etwa 500.000 Jahren soll es so weit sein – jedenfalls ist das eine der wissenschaftlichen Vorhersagen –, dass die Sonneneinstrahlung das Wasser auf der Erde zunehmend stark verdunsten lässt. Die warme Feuchtigkeit verstärkt den chemischen Verwitterungsprozess und entzieht der Atmosphäre CO_2. Dies führt aber nicht zu einer Abkühlung, wie man erwarten könnte (siehe zum Beispiel „Nik, der kleine Klimaversteher"), vielmehr ersetzt der Wasserdampf das CO_2 als Treibhausgas. Fällt der CO_2-Anteil schließlich unter etwa 150 ppm (ppm für Parts per Million), also 150 CO_2-Moleküle pro einer Million Luftmoleküle, sind Pflanzen nicht mehr in der Lage, die Photosynthese durchzuführen. Nur nebenbei, der heutige Wert liegt bei etwa 410 ppm. Die Pflanzen verkümmern und fallen als Nahrung für pflanzenfressende Lebewesen und Allesfresser aus und diese schließlich für alle Lebewesen einschließlich des Menschen. Der beschriebene Prozess wird also dazu führen, dass es dem Leben auf unserem Planeten zunehmend schwerer gemacht wird. Bis zu einem gewissen Grad wird sich es sich an die veränderten Bedingungen anpassen können. Allerdings werden die hoch entwickelten Lebewesen, die zuletzt entstanden sind, auch zuerst von diesem Planeten verschwinden. In spätestens 600 Millionen Jahre wird es soweit sein. Vielzellige Organismen wie Menschen, Tiere und Pflanzen werden nicht mehr lebensfähig sein. Einzeller werden es noch eine Zeit lang aushalten, aber in drei Milliarden Jahren wird unsere Erde dann ein heißer und toter Planet sein. Und kein Gott wird uns beistehen oder auch: „Uns hilft kein Gott uns´re Welt zu erhalten" (aus „Der blaue Planet" von Karat).

Und was passiert mit unserem Universum in ferner Zukunft? Nach heutigem Wissensstand gibt es zwei mögliche Weltuntergangsszenarien. Genaugenommen sind es keine Untergangsszenarien, sondern ausschließlich Aussagen über die nicht enden wollende Zukunft unseres Universums. Vor der Entdeckung der beschleunigten Expansion im Jahre 1998 waren die Endzeitszenarien auf drei Szenarien, die man heute noch in vielen Einführungen zur Kosmologie findet, beschränkt. Im

Reigen der Modelle tummelten sich das räumlich offene, das flache und das räumlich geschlossene Modell. Den beiden erst genannten Modellen folgend expandiert das Universum für alle Zeiten, wobei die Expansionsgeschwindigkeit mit der Zeit abnimmt und schließlich, quasi im Unendlichen, gegen einen konstanten positiven Wert (offenes Universum) oder gegen null (flaches Universum) geht. Das Universum ist in beiden Fällen zeitlich offen. Es expandiert in alle Ewigkeit, es geht nicht unter und verändert nur seine „Gestalt". In einem geschlossenen Universum hingegen kommt es irgendwann in der Zukunft zu einer Umkehr der Expansion. Das Universum kollabiert und endet mit einem Big Crunch. Denkbar ist bzw. war nach dieser Theorie, dass der Big Crunch zu einem neuen Big Bang (Urknall) führt und ein neues Universum entsteht. Eine Zeit lang wurde ein auf diese Weise erzeugter Zyklus vom Kommen und Gehen des Universums als möglich diskutiert. In gewisser Weise kommt dieses Modell der Vorstellung von ewiger Wiederkehr, wie sie der Hinduismus propagiert, entgegen. Diese Vorstellung eines immer wieder auferstehenden Universums musste man allerdings aus physikalischen Gründen aufgeben. Als dann 1998 die beschleunigte Expansion des Universums entdeckt wurde, entstand das heute von der Wissenschaft mehrheitlich akzeptierte Standardmodell der Kosmologie. In den Gleichungen, die die Expansion des Universums beschreiben, wurde die beschleunigte Expansion durch die Einführung der sogenannten kosmologischen Konstante erreicht. Falls das Standardmodell das reale Universum richtig abbildet, ging die zunächst gebremste Expansion vor etwa 6,1 Milliarden Jahren vor unserer Zeit in eine beschleunigte über und das Universum expandiert seitdem mit zunehmender Geschwindigkeit. Es bleiben damit zwei dramatische Endzeitszenarien übrig. Big Whimper, das „Große Wimmern" und Big Rip, das „Große Zerreisen". Big Whimper ist ein langsames Vergehen des Universums. In der gegenwärtigen Epoche existieren noch viele Milliarden Galaxien und Sterne. Und fortwährend bilden sich neue. Aber irgendwann wird notwendigerweise der Brennstoff ausgegangen sein und neues Material für die Entstehung von Sternen zunehmend knapper. Es ist zwangsläufig so, dass die letzten Sterne vergehen und ewige Dunkelheit einsetzen wird. Die noch verbliebene Materie wird durch die Abstrahlung von Gravitationswellen vergehen. Quantenmechanische Effekte bringen schwarze Löcher und Neutronensterne zum Verdampfen. Und am Ende wird nichts übrig sein. Man spricht auch vom Kältetod des Universums. Obgleich es nicht sterben wird; es wird vielmehr ewig weiter expandieren und zunehmend an Energiedichte verlieren. Spektakulärer ist da schon Big Rip, das „Große Zerreißen", jüngstes der Untergangsszenarien. Es wurde 2003 „postuliert" und geht davon aus, dass die zunehmende Expansionsgeschwindigkeit irgendwann zu einem Problem führen wird. Irgendwann, so die Berechnungen, wird es eine Situation geben, in der die „Dinge" dieser Ausdehnung nicht mehr standhalten können. Sie werden regelrecht auseinandergerissen. Es ist wie ein kosmischer Endknall, der den Kosmos zerreißt. Das Modell erwartet den Rip allerdings erst in 30-50 Milliarden Jahren. 60 Millionen Jahre vor dem großen Endknall werden die Galaxien aufgelöst, 3 Monate davor die Sonnensysteme, 30 Minuten davor die Planeten, wenn es denn noch welche gibt, und 10^{-19} s davor die Atome samt ihrer Kerne. Wenn ich das alles richtig verstehe, wird das Universum dann von zunehmend schwächer werdender Strahlung ausgefüllt sein und ewig weiter bestehen. Ich gehe davon aus, dass diese Aussagen auf bekannten physikalischen Gesetzen beruhen und es sich nicht um „leere" Spekulation handelt. Aber auch „Big Crunch" wird wieder für möglich gehalten. Geht man nämlich davon aus, dass genügend viel Materie vorhanden ist und sich die sogenannte Dunkle Energie (siehe zum Beispiel in „Das expandierende Universum"), die für die beschleunigte Ausdehnung des Universums verantwortlich gemacht wird, verringert, würde die Wirkung der Gravitation stärker werden und irgendwann die der Dunklen Energie übertreffen. Diese Theorie ist allerdings äußerst spekulativ. Insbesondere verlangt sie eine von der Zeit abhängige kosmologische Konstante, die dann keine Konstante mehr wäre, sondern eine sich mit der Zeit verändernde Größe, vergleichbar mit der Hubble-Konstante. Auch die Hubble-Konstante, die die Expansionsgeschwindigkeit des Universums beschreibt, (siehe zum Beispiel bei „Nik, der kleine Kosmologe") ist keine Konstante, wie ihre Bezeichnung weißmachen möchte. Sie ist nur eine Ortskonstante, also überall im Universum zu einer Zeit gleich, aber keine Zeitkonstante, sondern sie ändert sich mit der Zeit. Das könnte bedeuten, dass für diese kosmologische Funktion – die Umkehr der Expansion – eine weitere Grundkraft verantwortlich ist, die nach neuen Teilchen verlangt, die

Teilchen der Dunklen Energie. Die Folge wäre, dass das expandierende Universum in ein kontrahierendes übergehen, sich zusammenziehen, kollabieren und in einem quasi umgekehrten Urknall enden würde. Der Big Crunch wäre wieder möglich. Aber dies alles ist gerade nicht die Vorhersage des Standardmodells. Die beschriebenen Szenarien betreffen das Universum als Ganzes. Genaugenommen sind es nicht einmal Endzeitszenarien für das Universum, denn dies existiert offensichtlich für alle Zeiten fort. Es verändert nur sein „Aussehen". Das Ende des Diesseits ist mit dieser einschränkenden Bemerkung nicht aufzuhalten. Und kein Gott wird etwas dagegen unternehmen, unternehmen können. Oder entsprechen die geschilderten Abläufe ganz einfach dem Plan des Allmächtigen? Ich lasse die Frage an dieser Stelle offen, komme aber darauf zurück.

Aber sind wir Menschen nicht schon viel eher dran? Wie wir gesehen haben, wird es unserem Planeten und uns zwangsläufig an den Kragen gehen, falls wir ihm und uns nicht schon viel früher den Garaus gemacht haben sollten, aus eigenem Verschulden, weil wir uns die Erde untertan gemacht haben, wie es uns einst die Götter befahlen. Und nicht mehr in der Lage sind, uns umzustellen. Das wäre nämlich dringend notwendig, um noch ein paar wenige Jahre für uns, unsere Kinder und Kindeskinder und alle, die ihnen nachfolgen, herauszuschlagen.

Kurzum und zusammenfassend: Unsere diesseitige Welt, das Universum, in dem wir leben, wird eines Tages in dem Sinne aufhören zu existieren, dass in ihm nichts mehr passiert. Die Raumzeit wird sich gewissermaßen auflösen. Keine Ereignisse bedeutet aber, dass die Zeit still steht. Vielleicht ist das ja auch die zeitlose Zeit?

Über das persönliche Ende

Vor dem Untergang der Erde, der Sonne und des Universums werden wir unseren persönlichen, ureigensten Untergang erfahren müssen. Ich befasse mich mit dem Prozess, der am Ende unseres Lebens einsetzt und schließlich zum Tod, also aus dem Diesseits, wohin auch immer, gegebenenfalls in ein Jenseits führt. Gewöhnlich nennt man diesen Prozess Sterbeprozess. Der Sterbeprozess als ein nicht vermeidbarer Teilprozess des Lebens kann extrem kurz verlaufen, aber auch quälend lange dauern. Das Sterben jedenfalls gehört zum Leben, der Tod trivialerweise nicht. Wenn es auch oft heißt, der Tod gehöre zum Leben. Aber diese Aussage hat, wie ich denke, eine etwas andere Bedeutung. Natürlich begegnet der Tod auch dem Leben und den Lebenden. Wenn beispielsweise der Mann, die Frau, die Mutter, der Vater, Geschwister oder ein Freund sterben. Und ohne den Kreislauf des Kohlenstoffs gäbe es kein neues Leben. Aber der eigene Tod zählt nicht zum persönlichen Erleben. Etwas anderes zu behaupten, ist töricht. Für den physischen Sterbeprozess hat man Phasen ausgemacht (siehe zum Beispiel „www.netdoktor.de/palliativmedizin/was-passiert-beim-sterben-13164.html", wobei die erste Phase von mir hinzugefügt wurde):

o **Feststellungs- und Therapiephase:**
Feststellung und Diagnose einer ernsten, lebensbedrohlichen Krankheit. Der Betroffene, die Betroffene wird medikamentös behandelt oder beispielsweise operiert.

o **Rehabilitationsphase:** Die Krankheit schreitet zwar voran, der Kranke erholt sich aber unter Umständen von einem akuten Beschwerdebild und kann noch weitgehend ein selbstbestimmtes Leben führen. Diese Phase umfasst die letzten Monate, gegebenenfalls auch Jahre vor dem Tod.

- o **Terminalphase:** Die Kranken sind bettlägerig und werden zunehmend schwächer. Die Symptome nehmen zu. Diese Phase kann Wochen bis Monate vor dem Tod beginnen.

- o **Finalphase:** Diese Phase beschreibt den eigentlichen Sterbeprozess. Die Körperfunktionen erlöschen allmählich, das Bewusstsein des Sterbenden richtet sich nach innen. Der Tod tritt innerhalb von Stunden oder maximal Tagen ein.

Die Sterbeforscherin Elisabeth Kübler-Ross (siehe ebenfalls bei „www.netdoktor.de/palliativmedizin/was-passiert-beim-sterben-13164.html") hat den psychologischen Sterbeprozess in fünf Phasen unterteilt. Diese werden jedoch nicht als aufeinander folgende Stufen gesehen – der Sterbende kann auch mehrfach zwischen den einzelnen Phasen wechseln. Ich füge auch hier eine erste Phase hinzu, die ich mit Schock überschreibe.

- o **Schock:** Der Kranke fällt infolge der Feststellung, Diagnose einer ernst zu nehmenden und lebensbedrohlichen Krankheit in eine Art Schockstarre, die sich durch eigene Nachforschungen und eine in Aussicht gestellte Therapie zunächst löst.

- o **Leugnen:** Der Kranke will die Tatsache, dass er nicht mehr lange zu leben hat, nicht wahrhaben. Er verdrängt und hofft auf Rettung durch die medizinisch eingeleiteten Maßnahmen.

- o **Zorn:** Der Kranke begehrt gegen sein Schicksal auf, empfindet Zorn auf Gott, auf die Ärzte, auf alle, die weiterleben dürfen. Das kann sich auch in Aggressionen gegenüber den Angehörigen entladen.

- o **Verhandeln:** Der Kranke versucht, mit dem Schicksal zu verhandeln, legt Versprechen ab für den Fall, dass er noch eine Weile weiterleben darf.

o **Depression:** Der Kranke verliert die letzte Hoffnung. Er nimmt Abschied vom Leben, von Träumen, Zielen und Menschen, von allem, was ihm lieb und teuer ist. Er trauert um die Möglichkeiten und Erfahrungen, die er im Laufe seines Lebens verpasst hat. Er bereut Fehler.

o **Akzeptanz:** Im besten Fall nimmt der Betroffene sein Schicksal an und söhnt sich mit ihm aus.

Es sollte klar sein, das Gesagte betrifft ausschließlich mehr oder weniger langsam ablaufende Sterbeprozesse, also keinen plötzlichen Tod durch einen Unfall, einen Herzinfarkt oder Vergleichbares.

Unter der Palliativmedizin (abgeleitet aus lateinisch cura palliativa, von palliare „mit einem Mantel umhüllen") versteht man (Definition der Weltgesundheitsorganisation und der Deutschen Gesellschaft für Palliativmedizin) „die aktive, ganzheitliche Behandlung von Patienten mit einer progredienten (voranschreitenden), weit fortgeschrittenen Erkrankung und einer begrenzten Lebenserwartung zu der Zeit, in der die Erkrankung nicht mehr auf eine kurative Behandlung anspricht oder keine kurative Behandlung mehr durchgeführt werden kann und die Beherrschung von Schmerzen, anderen Krankheitsbeschwerden, psychologischen, sozialen und spirituellen Problemen höchste Priorität besitzt". Austherapiert nennt man das gewöhnlich. Es stehen also die Lebensqualität des Patienten, sein subjektives Wohlbefinden und seine Wünsche im Vordergrund der Behandlung und weniger seine Lebenserhaltung.

In diesem Zusammenhang drängt sich das Thema „Patientenverfügung" auf. Aber was ist eine Patientenverfügung? Auf der Seite des Bundesgesundheitsministeriums („www.bundesgesundheitsministerium.de/patientenverfuegung.html" lesen wir: „Mit einer schriftlichen Patientenverfügung können Patientinnen und Patienten für den Fall ihrer Entscheidungsunfähigkeit in medizinischen Angelegenheiten vorsorglich festlegen, dass in einer bestimmten Situation bestimmte medizinische Maßnahmen durchzuführen oder zu unterlassen sind. Damit wird sichergestellt, dass der Patientenwille umgesetzt wird, auch dann und vor allem, wenn er in der aktuellen Situation nicht mehr geäußert werden kann." Das war nur ein Hinweis auf die aus meiner Sicht unbedingte Notwendigkeit, eine Patientenverfügung zu verfassen. Ich möchte nicht falsch verstanden werden, eine Patientenverfügung kann durchaus auch verfügen, dass alles getan wird, um den Tod des Verfügenden hinauszuzögern.

Über die Biologie des Sterbens

Was macht das Leben mit uns, wenn wir sterben? Was genau passiert, wenn ein Organismus stirbt, ist wissenschaftlich noch nicht ganz geklärt. Was wohl sicher ist: Mit dem Sterben erfahrene Mediziner können es einem Patienten quasi vom Gesicht ablesen, wenn es zu Ende geht. Mediziner gehen davon aus, dass es ein biologisches Programm für das Sterben gibt, gewissermaßen das letzte Programm. Das ist einigermaßen plausibel, wenn man sich klar macht, dass auch bei der Geburt eines Lebewesens ein Programm abläuft, eben das erste Programm. Und es ist anzunehmen, dass bei beiden Vorgängen biologische Mechanismen im Spiel sind, die dem Körper einen möglichst schonenden Ablauf ermöglichen.

Der Sterbeprozess kann unterschiedlich lange dauern, trivialerweise abhängig von der Konstitution des Sterbenden und der bestehenden Krankheit. Das biologische Sterbeprogramm lässt aber charakteristische Stationen erkennen (siehe zum Beispiel „www.swr.de/wissen/odysso/sterben-das-letzte-programm-100.html", teilweise wörtlich übernommen):

- **Ruhebedürfnis und Rückzug:** In den letzten Tagen vor dem Tod schlafen viele Menschen sehr viel, sind matt, ziehen sich sichtbar in sich zurück. Das sind die ersten Zeichen für den einsetzenden Sterbevorgang: Der Körper fährt den Stoffwechsel zurück. Laborwerte von Blut und Urin werden schlechter.

- **Kein Essen und Trinken:** Das Lebensprogramm schaltet um von der Aufbau- und Lebenserhaltungsphase auf das letzte Programm, das den Abbau des Organismus vorsieht. Viele Menschen möchten in dieser Phase nichts mehr essen und nichts mehr trinken. Das Gehirn schüttet Botenstoffe aus, die Hunger und Durst quasi abstellen. In der Regel werden dann auch Sonden, die Nährlösungen zuführen, entfernt. Auf Grund der fortschreitenden Austrocknung schüttet das Gehirn weitere Botenstoffe – sogenannte endogene Opiate – aus, die für eine Beruhigung des Organismus und die Linderung von Schmerzen sorgen. Das Aufzwingen von Flüssigkeit, Nahrung oder Sauerstoff bereitet in dieser Phase sogar zusätzliche Schmerzen und stört gegebenenfalls den natürlichen Sterbeprozess.

- o **Kaum Ausscheidungen:** Magen und Darm werden vom Körper stillgelegt, die Nieren werden nicht mehr durchblutet und produzieren keinen Urin mehr. Weil das Blut nicht mehr in den Nieren gereinigt wird, sammeln sich Stoffwechselreste darin an. Die Folge: die Gifte lähmen das Gehirn – der Patient wird irgendwann bewusstlos.

- o **Kalte Hände und Füße:** In den letzten Stunden vor dem Tod werden Hände und Füße kalt, das Blut zieht sich zurück. Der Kreislauf konzentriert sich auf die wichtigsten Organe im Körperinneren: Lunge, Herz und Gehirn. Diese Zentralisierung des Kreislaufs sieht man: Die Nägel verfärben sich bläulich, an den Füßen und Unterschenkeln lagert sich gesammeltes Blut ab, das nicht zurück transportiert wird. Es entstehen charakteristische Flecken.

- o **Das „Todesdreieck":** In den letzten Stunden vor dem Tod ist das Gesicht sehr blass, oft vor allem um Lippen und Nase herum. Dieses markante Todesdreieck wird sehr oft beobachtet und ist ein typisches Zeichen für den nahen Tod. Ebenfalls häufig gesehen werden fahrige Bewegungen, Zupfen an der Bettwäsche, Herumschieben der Füße.

- o **Rasselnder Atem:** Die Sterbenden atmen lange noch regelmäßig. Aber oft macht sich auch bei jedem Atemzug ein „Atemrasseln" bemerkbar. Dies wird dadurch verursacht, dass der Sterbende nicht mehr husten und schlucken kann und sich Rachen und Bronchien mit Schleim füllen. Im Volksmund wird dies auch „Todesröcheln" bezeichnet. Dabei handelt es sich nach Aussage der Palliativmediziner weniger um eine Belastung des Sterbenden als um die des Umfeldes, des Pflegeteams und insbesondere der Angehörigen. Das Atmen durch den Mund trocknet die Mundschleimhaut aus. Feuchtes Abtupfen ist eine kleine Erleichterung. Ärzte gehen davon aus, dass die

Sterbenden spüren, wenn sie umsorgt werden. Vertrautheit und Geborgenheit sind in dieser Phase wichtig, Berührung, vertraute Musik, Sprechen, Vorlesen, Singen, auch Beten, Streicheln und Umarmen können dem Sterbenden gut tun.

○ **Schnappatmen:** Zuletzt wird der Atem unregelmäßig – der Sterbende schnappt nach Luft. Diese Schnappatmung ist das Zeichen dafür, dass das Herz nicht mehr richtig schlägt. Das Gehirn gerät in Luftnot und versucht, sich mehr Sauerstoff zu verschaffen.

○ **Herzstillstand und Tod:** Schließlich bleibt das Herz stehen. Dadurch bricht die Versorgung des Organismus mit Sauerstoff endgültig zusammen. Die Organe werden nicht mehr versorgt. Nach acht bis zehn Minuten setzt der Gehirntod ein. Der Organismus ist nun tot.

○ **Viele sterben friedlich:** Nach Aussagen vieler Palliativmediziner und Ärzte sterben schwerkranke und sehr alte Menschen friedlich. Es gibt natürlich auch Ausnahmen – Menschen, die vielleicht sehr unruhig werden, sich als Person stark verändern, schreien, auch Luftnot, Erbrechen oder Umsichschlagen kommen vor. Aber die Palliativmedizin kann am Lebensende mit Schmerzmitteln und Beruhigungsmitteln viel tun, damit das Lebensende nicht zum qualvollen Todeskampf wird.

Über Nahtoderfahrungen

Im Zusammenhang mit dem Sterbeprozess, mit dem zusehends näher kommenden Ende also, ist häufig von sogenannten Nahtoderfahrungen die Rede. Sie werden schon mal als Indiz für ein Leben nach dem Tod gewertet, insbesondere von Menschen, die ein solches gerne wahrhaben möchten. Aber was sind Nahtoderfahrungen? Mit Hilfe von Wikipedia habe ich gefunden (nicht unbedingt wörtlich):

Nahtoderfahrungen: Unter Nahtoderfahrungen wird ein breites Spektrum tiefgreifender persönlicher Erfahrungen bis hin zu sogenannten Transzendenzerfahrungen bezeichnet, die häufig von Menschen gemacht werden, die sich in einer lebensbedrohlichen Situation befunden haben.

Hinweis:

Der Umstand, dass diese Erfahrungen häufig von Menschen gemacht werden, die sich in einer lebensbedrohlichen Situation befunden haben, hat im Wesentlichen die Begriffsbildung bestimmt, obgleich derartige Erfahrungen auch in anderen Zusammenhängen beschrieben werden.

Ebenfalls aus Wikipedia habe ich: „Die Forschung hat eine Reihe von Elementen und Gefühlen identifiziert, die typisch für Nahtoderfahrungen sind. Dazu zählen die Erfahrung eines bewussten Seins ohne physischen Körper, Tunnel-, Licht-, Jenseits- und Weltraumerfahrungen, Gefühle von Liebe, Frieden, Geborgenheit und Schmerzlosigkeit und in wenigen Fällen von Angst und Bedrängnis. Einige Betroffene berichten auch von Begegnungen mit verstorbenen Angehörigen oder Wesen, mit denen sie jeweils kommunizieren. Die Bandbreite der Erklärungen, die für dieses Phänomen angenommen werden, reicht von naturwissenschaftlichen bis hin zu spirituellen Ansätzen. Nahtoderfahrungen werden unabhängig von der Weltanschauung in fast allen Kulturen der Menschheit erwähnt."

Es ist so, wie man es erwarten muss. Es gibt Stimmen, die sehen in den Nahtoderfahrungen, wenn auch keine Beweise, aber doch Hinweise auf die Existenz einer jenseitigen Welt und auf ein Leben nach dem Tod, andere lehnen dies ab. Ich beziehe mich im Folgenden an einigen Stellen auf den Artikel „www.theologie- naturwissenschaften.de/startseite/leitartikelarchiv/nahtoderfahrung#c309", in dem Günter Ewald, Mathematiker und emeritierter Prof. Dr. rer. nat. und Dr. Christian Hoppe, Neuropsychologe und katholischer Theologe am Universitätsklinikum Bonn ihre Standpunkte zum Thema erläutern. Dass es die sogenannten Nahtoderfahrungen gibt, ist nicht umstritten. Die Kernfrage ist wohl: Handelt es sich um traumartige, subjektive Erlebnisse oder steckt mehr dahinter?

Günter Ewald: „Der Weltbildhintergrund ist für diese Kernfrage insofern entscheidend, als das noch weit verbreitete ´klassische´, naturalistische Weltverständnis jede Bewusstseinstätigkeit an Hirnvorgänge bindet, eine Trennbarkeit von Teilen des Bewusstseins und Gehirns also ablehnt. In dem durch die Quantenphysik veränderten Weltbild besteht dagegen grundsätzlich kein Einwand gegen die genannte Trennbarkeit"… Und weiter: „Eine neurobiologische Untersuchung auch außerkörperlicher Bewusstseinsprozesse steht einstweilen nicht an, da die gegenwärtige Hirnforschung zu fast 100 % auf klassischer Physik gründet. Ehe sich das geändert hat, ist sie somit nicht legitimiert, auf dem Boden quantenphysikalisch erweiterter Wissenschaft über die Trennbarkeit von Körper und Bewusstsein eine wesentliche Aussage zu treffen".

Aus meiner Sicht ist dies ein erneuter Rettungsversuch, um die Idee von der unsterblichen Seele und vom Leben nach dem Tod noch eine kleine Weile aufrechtzuerhalten. Und das auch noch von einem Mathematiker und Prof. Dr. rer. nat. vorgebracht. Welcher Laie fühlt sich in der Lage, diesen Thesen zu widersprechen? Der Professor ruft also die Quantenphysik zu Hilfe, um das Weiterleben der Seele bzw. des Bewusstseins nach dem Ableben des Körpers irgendwann einmal erklären zu können (siehe auch „Esoterischer Unfug mit der Welt der Quanten" im Literaturverzeichnis). Aber weiter mit den Worten des Professors: „Die hier vertretene Auffassung fügt sich gut mit dem Gedanken einer ‚Auferstehung im Tod' zusammen und gibt diesem eine Konkretion. Mir ist sie sympathischer als die Ganztodtheologie von Althaus und Barth (siehe dazu im Kapitel „Über Auferstehung und ewiges Leben"). Diese kommt der klassischen Neurobiologie entgegen, indem sie im Tod auch Bewusstsein oder Seele sterben sieht. Dann aber folgt eine Art Super-Kreationismus: Während sich Gott den Schöpfungsberichten gemäß sechs Tage Zeit ließ, bis er ein Menschenpaar erschuf, rekonstruiert er am jüngsten Tag alle Menschen, die je gelebt haben, auf einen Schlag und registriert ihre Lebensgeschichten. Wie man sich davon eine Vorstellung machen soll, geistig oder materiell oder sonst wie, bleibt im Dunkeln. Ich denke, es bringt mehr, bei aller Unvollkommenheit der Sprache – die gilt ja überall – den Spuren der Nahtoderfahrungen zu folgen und in ihnen Indizien für ein Leben nach dem Tod noch intensiver als bisher aufzuspüren. Meine These: Fortschreitende Aufklärung über das durch Quantenphysik veränderte Weltbild und die weitere Erforschung von Nahtoderlebnissen wird künftig dem Glauben an ein Leben nach dem Tod weiter Auftrieb geben."

Ich denke, über das eine wie das andere kann man sich keine Vorstellung machen Herr Professor, weder darüber, dass sich Gott sechs Tage Zeit ließ, bis er ein Menschenpaar erschuf (nachdem er eine Ewigkeit darüber gebrütet hatte, wie er es anstellen soll?) noch darüber, dass er am jüngsten Tag alle Menschen, die je gelebt haben, auf einen Schlag rekonstruieren und ihre Lebensgeschichten registrieren können soll.

Die Aussicht auf eine quantenphysikalische Erklärung für das Leben danach ist dem Professor also sympathischer als die Ganztodtheorie.

Ich gestehe, ich hatte stets eine andere, möglicherweise ja auch verklärte, Vorstellung von einem Professor!

Sympathischer wäre mir eine naturwissenschaftliche Erklärung natürlich auch. Bis die zur Verfügung steht, gehe ich dann doch lieber von einem ganz normalen „ockhamschen" Ganztod aus, einem Ganztod ohne eine wie auch immer geartete Fortsetzung in einer von uns aus gesehen jenseitigen Welt.

Ich gehe noch auf einen Artikel ein in „Neurowissenschaft: Nahtoderfahrung - Konstruktion des Gehirns? | BR Wissen" (von Martin Schramm, Stand 14.07.2021):

„Leicht wie eine Feder in den Himmel hinauf schweben, auf die Welt herabschauen, das Leben im Zeitraffer vorbeiziehen sehen und dabei ein tiefes Glück zu empfinden, das gehört zu den klassischen Bestandteilen einer Nahtoderfahrung, erklärt Prof. Gerhard Roth, Leiter des Instituts für Hirnforschung an der Universität Bremen. Er spricht aus eigener Erfahrung. Als Student erlebte er einen schweren Autounfall, bei dem er eine Zeit lang das Bewusstsein verlor. Auch Roth sah das berühmte gleißende Licht am Ende des Tunnels. Paradoxerweise erlebte er den Moment der Todesgefahr als äußerst positiv: ‚Das war der wohl glücklichste Augenblick meines Lebens, obwohl es mir körperlich am schlechtesten ging‘. Viele Menschen, die solche Erfahrungen machen, haben danach eine ganz andere Perspektive auf ihr Leben. Sie sind von großer Dankbarkeit erfüllt, manche behaupten sogar, die Angst vor dem Tod verloren zu haben, da sie nun wüssten, was sie im Jenseits erwartet. Aber ist das so? Sieht so das Leben nach dem Tod aus? Wie wohl die meisten seiner Kollegen vertritt Hirnforscher Prof. Gerhard Roth einen recht nüchternen Ansatz: Er erklärt die Nahtoderfahrung als eine Art ‚Rechenfehler‘ des Gehirns. Denn beispielsweise das Phänomen, sich selbst von außen zu betrachten (Out-Of-Body- Experience) erleben Menschen auch im Alltag. Diese Art von Entkörperlichung tritt bekanntermaßen in großen Höhen auf. Bei akutem Sauerstoffmangel haben Bergsteiger häufig furchterregende Doppelgänger-Illusionen. Sie sehen sich vor sich hergehen oder gucken sich aus einer Höhe von zwei bis drei Metern selbst an. Diese Phänomene sind bekannt und man kann sie mit Fehlfunktionen bestimmter Teile des Gehirns erklärten. Diese ‚Fehlfunktionen‘ des Gehirns lassen sich sogar künstlich erzeugen. In einer Fallstudie am Uniklinikum Genf stimulierten Mediziner das Gehirn einer Epileptikerin gezielt im Grenzbereich von Schläfen- und Scheitellappen. Prompt sah sich die Patientin von oben auf dem Krankenhausbett liegen. Wie wir uns selbst erleben, uns in Raum und Zeit verorten, dafür scheint also eine ganz bestimmte Hirnregion zuständig zu sein. In dieser Region residiert ein über lange Jahre im Kleinkindalter herangereiftes Bewusstsein. Es sagt uns, zu unserem Körper gehört, und was nicht“, so Prof. Roth und weiter: „Wenn dieser Teil, dieser Scheitellappen, zu wenig Sauerstoff oder zu wenig Zucker oder auf eine andere Art geschädigt ist bzw. wird, dann geht das auseinander. Dann ist das Gefühl: ‚Ich stecke in meinem Körper' getrennt, und man kann seinen

Körper angucken, der da wie tot liegt. Das kann man übrigens auch träumen und gelegentlich träumen das auch Leute."

Es ist verständlich, Mensch, der im Allgemeinen länger leben möchte, als es ihm das Leben erlaubt, glaubt trivialerweise eher weniger gerne, dass es das war mit dem Diesseits. Manch einer der berichteten Fälle ist in der Tat auch schwer zu fassen. Wie lässt es sich erklären, dass ein Patient, der bewusstlos auf dem OP-Tisch liegt, im Nachhinein den Ärzten minutiös beschreiben kann, welche chirurgischen Handgriffe sie an ihm vorgenommen haben? Gibt es sie also doch die außersinnlichen Wahrnehmungen? Die Forschung vertritt eine klare Haltung: Ohne Hirn keine Gedanken, keine Wünsche, keine Erlebnisse. Diese seien immer assoziativ verknüpfte Konstrukte des Hirns. So sieht es auch der Neuropsychologe und Theologe Dr. Christian Hoppe (siehe wieder in „www.theologie-naturwissenschaften.de"): „Ich will nicht behaupten, dass man jeden einzelnen anekdotischen Bericht, den man finden kann, im Einzelnen erklären könnte. Aber in vielen Fällen findet man eigentlich ganz gute Erklärungen, wenn man sich den Vorgang sehr präzise noch einmal anschaut." Und weiter: „Der wissenschaftliche Befund ist eindeutig: Geistig-seelische Phänomene in einer uns irgendwie verständlichen Form treten ausschließlich in Verbindung mit Hirnprozessen auf, auch nachts. Sie kommen in der Narkose und im Tiefschlaf soweit zum Erliegen, dass nichts mehr erlebt wird (auch kein Nichts). Nahtoderlebnisse sind keine Träume. Sie treten vielmehr unter seltenen Bedingungen im Übergangsbereich zwischen Bewusstsein und Bewusstlosigkeit auf – und könnten daher prinzipiell auch beim Sterben auftreten. Die Nahtoderfahrung findet jedoch vollständig im Leben statt, diesseits der Todesgrenze. Grundsätzlich gilt: Wer immer etwas berichten kann, war niemals tot (auch nicht ‚klinisch tot'); denn das medizinische Minimalkriterium des Todes ist der unwiderrufliche Verlust aller Hirnfunktionen. Auch Nahtoderlebnisse sind von Hirnfunktionen abhängig; sie können in Einzelaspekten durch eine experimentelle chemische oder elektrische Manipulation der Hirnfunktion gezielt ausgelöst werden. Bisher ist kein Nachweis geistig-seelischen Vermögens ohne zugrunde liegende Hirnfunktion gelungen. Alles spricht dafür, dass mit dem Tod (des Gehirns) das geistige Leben einer Person an ihr Ende gelangt. Die Idee einer körperlosen (hirnlosen) Seele, die den Tod des Körpers überlebt und danach weiterlebt – ist denn da noch Zeit? –, ist unverständlich geworden." So weit, so gut. Aber Hoppe ist auch Theologe. Er weiß zwar um die sogenannten Nahtoderfahrungen. Er leitet daraus allerdings kein „Jenseits" ab. Dies begründet er philosophisch/theologisch. Er sagt, schreibt: „Was je wirklich war, kann nicht mehr ungeschehen gemacht werden. Wirklichkeit ist da, indem sie sich einem Wirklichen zeigt, das sich erkennend (beobachtend und denkend) auf Wirklichkeit beziehen kann. Warum aber ist überhaupt irgendetwas und nicht vielmehr nichts? Und warum gibt es in dieser Wirklichkeit uns Menschen, die als klitzekleiner Teil des Ganzen die Frage nach dem Ganzen stellen können?" Und auch noch das: „Der Tod beendet das Leben, doch er kann es nicht vernichten; denn was jemals ‚in Wirklichkeit' war, kann nicht mehr ungeschehen gemacht werden. Gott ist der denknotwendige Grund der Welt, die zeitenthoben-ewige Gegenwart meines zeitlich-endlichen Daseins, meine letzte Wirklichkeit und meine höchste Möglichkeit. Gott sieht mich, wie ich ‚in Wirklichkeit' bin, er schaut mir ins Herz: Das ist mein Gericht, meine Seligkeit und meine Vollendung." Es muss zwar nichts heißen, aber das verstehe ich nicht mehr: „Gott ist der denknotwendige Grund der Welt, die zeitenthoben-ewige Gegenwart meines zeitlich-endlichen Daseins, meine letzte Wirklichkeit und meine höchste Möglichkeit". Ich denke etwas weniger geschwollen: Gott ist für alle da. Und was machen wir mit denen, die ihn mit ihrer höchsten Möglichkeit absolut nicht verstehen? Ich zähle mich dazu, zu den Nichtverstehern. So hat er mich gemacht der Allmächtige und ich bin völlig unschuldig. Aber eines wünsche ich mir dann doch noch für die letzten Sekundenbruchteile meines eigenen Lebens: Leicht wie eine Feder in den Himmel zu schweben, auf die Erde mit all ihrer Schönheit, aber auch mit all ihrem Elend herabschauen zu dürfen, mein Leben wie in einem Zeitraffer an mir vorbei ziehen zu sehen, dabei alle meine Lieben noch einmal zu treffen, um mich von ihnen zu verabschieden und zwar mit einem dreifach donnernden Helau. Wie die Fastnachter: Helau! Helau! Helau! Und ich rufe wieder einmal Ockham zu Hilfe: Nahtoderfahrungen finden in diesseitigen Gehirnen statt, häufig in der Nähe ihres Ablebens und sie sind keine Mitteilungen aus dem Jenseits. So einfach ist das wieder einmal. Es ist meine Überzeugung und ich kann sie dummerweise nicht beweisen. Wie auch!

Über die Seele

Ich unternehme einen kleinen Exkurs über das, was allenthalben als Seele bezeichnet wird. Die Seele spielt in den Religionen und dabei im Zusammenhang mit dem Jenseits, einer der zentralen Geschäftsideen der Religionen, eine wichtige Rolle. Aber was ist Seele? Ich schlage wieder einmal bei Wikipedia nach. Die Antwort verschlägt mir beinahe den Atem. Des Umfanges und der über dreihundert genannten Referenzen wegen. Um alles zu verstehen und zu interpretieren, müsste ich wahrscheinlich ein Philosophie- und ein Theologiestudium hinter mich bringen. Die Frage nach der Seele ist im Übrigen ziemlich alt und hat auch schon die alten Griechen beschäftigt. Mit den alten Geschichten möchte ich mich allerdings nicht auseinandersetzen. Ich bin ausschließlich an den aktuellen Lehren interessiert. Einiges entlocke ich Wikipedia dann doch noch: „Der Ausdruck Seele hat vielfältige Bedeutungen, je nach den unterschiedlichen mythischen, religiösen, philosophischen oder psychologischen Traditionen und Lehren, in denen er vorkommt". Nach diesen Feststellungen ist sicher keine allgemeingültige Definition des Begriffes Seele zu erwarten. Ich versuche es unter Zuhilfenahme von „www.madeasy.de" mit einer eigenen Definition. Im heutigen wissenschaftlichen Sprachgebrauch werden die Begriffe Psyche und Seele häufig als gleichbedeutend angesehen. Das würde bedeuten:

Psyche (Seele): Psyche (Seele) ist die Gesamtheit der emotionalen Erfahrungen eines Lebewesens sowie dessen Fähigkeit, diese abzuspeichern, abzurufen und zu verarbeiten. Sitz der Psyche (Seele) ist das Gehirn.

Religionen sind es allerdings, die die Seele gewissenmaßen über die Psyche stellen, indem sie die Seele neben dem Körper als eigenständige immaterielle Instanz sehen, die sich beim Tod des Menschen von dessen Körper „trennt" und in alle Ewigkeit weiter existiert, also unsterblich ist. Sie brauchen sie gewissermaßen für ihre Idee vom Jenseits. Ohne die Idee von der unsterblichen Seele müssten sie nämlich notgedrungen auch ihre Idee vom Jenseits und vom ewigen Leben aufgeben. Falls jedoch meine obige Definition zutrifft, sterben Psyche und Seele mit dem Gehirn und beide mit dem Tod des Menschen – und gegebenenfalls anderer Lebewesen.

Ich beschränke mich in meiner nun folgenden und zugegebenermaßen relativ oberflächlichen Übersicht auf die Seelenvorstellungen der sogenannten abrahamitischen Religionen Judentum, Christentum und Islam. Diese Beschränkung möchte ich keinesfalls als Missachtung der anderen Religionen wie beispielsweise des Hinduismus und des Buddhismus verstanden wissen. Das Ganze ist auch so schon kompliziert genug und eine darüber hinausgehende Beschäftigung würde mit Sicherheit den Rahmen des Büchleins sprengen. Ich beginne mit dem Judentum und bemühe „Unsterbliche Seelen | Jüdische Allgemeine". Dort liest man: „In unserer Welt lebt ein Mensch maximal 120 Jahre, der Körper stirbt, aber die Seele lebt weiter bis in alle Ewigkeit. Daran besteht aus religiöser Sicht kein Zweifel. Ein Mensch arbeitet, funktioniert Tag für Tag, auf einmal stirbt er. Das heißt, der gleiche Körper, der täglich funktionierte, tut dies auf einmal nicht mehr. Was ist passiert? Die Seele hat den Körper verlassen und der verliert seinen Antrieb, seine Energie – sein Leben. Im Talmud, einem der bedeutendsten Schriftwerke des Judentums, steht, welche Voraussetzungen für die Geburt eines Kindes nötig sind: G'tt gibt die Seele, Vater und Mutter geben den Körper. G'tt entscheidet, wann der Mensch eine Seele bekommt. Er bestimmt aber auch, wann diese Gemeinschaft endet, die Seele den Körper verlässt und der Mensch stirbt .... Über den Verbleib der Seele nach dem Tod der Körper komme ich noch im Kapitel „Über das Jüngste Gericht". Der Körper des Menschen stirbt also, weil die Seele ihn verlässt? Hab ich das tatsächlich richtig verstanden? Bis dato bin ich davon ausgegangen, dass der Körper stirbt und die Seele ihn verlässt. Möglicherweise ist diese Vorstellung ja auch nur aus meiner christlichen Erziehung geschuldet.

Hinweis:

G'tt steht für Gott. Die Juden dürfen den Namen Gottes nicht aussprechen. Deshalb diese Verhüllung, indem der Vokal einfach weggelassen wird . Es ist ziemlich verrückt, aber siehe unter „www.juedische-allgemeine.de/religion/gott-oder-gtt/".

Für die Erläuterung der christlichen, genauer der katholischen Seelenlehre, ist das Kompendium (siehe „Katechismus der Katholischen Kirche – Kompendium"), das am 20. März 2005 von Joseph Alois Ratzinger (deutscher Theologe, * 1927; † 2022) als Präsident der Spezialkommission unterzeichnet wurde, sicher eine gute Adresse. Ratzinger war im Übrigen vom 19. April 2005 bis zu seinem Amtsverzicht am 28. Februar 2013 Papst: Papst Benedikt XVI. Im Kompendium findet man in Fragen gekleidet und die jeweiligen Antworten dazu Folgendes über die katholische Seele:

„Wie bilden im Menschen Seele und Leib eine Einheit?"

„Die menschliche Person ist ein körperliches und zugleich geistiges Wesen. Im Menschen bilden Geist und Materie eine einzige Natur. Diese Einheit ist so tief, dass der aus Materie gebildete Leib aufgrund des geistigen Prinzips, der Seele, ein lebendiger menschlicher Leib wird und an der Würde des Seins ‚nach dem Bilde Gottes' teilhat".

„Wer gibt dem Menschen die Seele?"

„Die Geistseele kommt nicht von den Eltern, sondern ist unmittelbar von Gott geschaffen; sie ist unsterblich. Sie geht nicht zugrunde, wenn sie sich im Tod vom Leibe trennt, und sie wird sich bei der Auferstehung von neuem mit dem Leib vereinen".

Die katholischen Seelen sind also unsterblich. Sie werden beim Tod von den Leibern getrennt und später, am Ende aller Tage, wieder mit ihnen vereint. Geist und Körper sind also unterschiedliche Instanzen – falls ich alles richtig verstanden habe.

Ich habe auch versucht, bei der anderen Christenfraktion, den evangelischen Christen, über deren Vorstellung von der Seele etwas zu erfahren. Unter „www.evangelischer-glaube.de/der-mensch/seele/" – ich hoffe, es handelt sich um eine seriöse Seite – wird die Seele in einer ziemlich umfänglichen Erzählung mit der Idee von einem Buch und dem Buch selbst verglichen: „...will ich die Seele des Menschen genauso von seinem sterblichen Leib unterscheiden, wie ich die Idee eines Buches von dem Papier und der Druckerschwärze unterscheide. Natürlich weiß ich als Leser, dass ich ohne Papier und Druckerschwärze die Idee des Buches nie kennengelernt hätte. Kein einziger der darin enthaltenen Gedanken wäre mir zugänglich geworden! Und so geht in der Ordnung des Erkennens das Druckerzeugnis der Kenntnis des Inhalts eindeutig voran. Ohne den Körper des Freundes, der mir seine Gedanken mitteilt, hätte ich ja auch nie etwas von seiner Seele erfahren! Doch weiß ich zugleich, dass in der Ordnung des Seins die Idee des Buches (im Kopf des Schriftstellers!) der Niederschrift und dem Druck des Buches vorausging. Das sichtbare Erzeugnis des Druckers ist nur die Manifestation einer unsichtbaren geistigen Wirklichkeit, die schon viel früher existierte. Und ohne die Idee zum Buch hätte der Schriftsteller auch nie eine Zeile aufs Papier gebracht. So gelangte seine Idee zwar nicht anders zu mir als in der handgreiflichen Form des Buches. Sie teilte sich mir nicht anders mit als gebannt in Druckerschwärze auf Papier. Und doch war die Idee nie mit dem gebundenen Buch identisch, sondern war die treibende Kraft, der sich das Materielle fügen musste, um dem Gedachten Ausdruck zu verleihen! Vom ersten bis zum letzten Kapitel bestimmt die Grundidee des Buches jeden Satz und jede Seite, gerade so, wie sich das innere Wesen eines Menschen seiner Erscheinung manifestiert. In der Ordnung des Erkennens geht das Körperliche dem Seelischen voraus! ...". Ich lasse es gut sein damit und fasse zusammen: Gott hatte eine Idee von mir und hat sie in meinem Körper realisiert. Ich bin ja, war jedenfalls, noch halbwegs zufrieden mit meinem Körper, aber was ist mit den Mitmenschen, bei denen augenscheinlich etwas völlig schief gelaufen ist? War das etwa Absicht des Ideengebers? Oder habe ich wieder einmal alles falsch verstanden? Auch für die evangelischen Christen sind also Leib und Seele unterschiedliche Instanzen. Die Idee des Buches, im Bild die Seele des Menschen, lebt weiter, auch wenn du das Buch, den Leib des Menschen zum Beispiel verbrennst. Eigentlich ein schönes Bild, falls man an die unsterbliche Seele glaubt. Allerdings fällt mir noch eine Frage dazu ein: Hatte Gott schon immer die Idee von mir oder hat sie ihn im Laufe der Zeit erst übermannt? Im ersten Fall wäre also meine Seele vergangenheitsewig. Ich glaube sogar, dass es Seelentheoretiker gibt, die eine ewige Seele postulieren, also eine vergangenheits- und zukunftsewige Seele. Ich habe darauf verzichtet, dem nachzugehen. Im Übrigen ist das Netz voller Beiträge zum Thema Seele, die partiell so abwegig sind, dass unweigerlich Zweifel am Sitz der Seele einiger Vertreter aufkommen müssen.

In Bezug auf die Seelenlehre im Islam habe ich „Eine Studie der Informationsseite muslimischer Geistes- und Sozialwissenschaftler" (www.qalam.de) ausgegraben, die ziemlich konkret erläutert, wie sich die muslimische Seele verhält. Zunächst wird in der Studie erläutert, wie der Mensch zusammengesetzt ist: „Der Mensch besteht grob gesehen aus Körper, Ego und Geist (oder Seele). Ego zählt wie der Körper zum vergänglichen Teil des Menschen. Stirbt der Mensch, stirbt auch das Ego. Das Ego lässt sich, so interpretiere ich die Aussage, mit der Psyche vergleichen. Der immaterielle Bereich ist der Geist bzw. die Seele. Dieser Bereich ist ewig und überdauert den Tod von Körper und Ego. Ich fasse bis hierhin zusammen. Ohne allzu sehr auf die Unterschiede zwischen den Religionen einzugehen, die Seele bzw. die geistige Instanz, die uns Menschen inne wohnt und uns erst zu Menschen macht, überlebt unser Dasein auf dieser Welt. Wenn wir bei dem Begriff Seele bleiben, heißt das, die Seele ist unsterblich. Im Grundsatz vertreten die untersuchten Religionen das Konzept des Dualismus von Körper und Seele. Die Seele löst sich beim Tod des Menschen vom Körper und lebt ewig weiter. Was mit dem Körper des Menschen passiert, lasse ich an dieser Stelle einmal außer Acht. Die Frage, die sich die Vertreter des Leib-Seele-Dualismus stellen, ist die Frage, wie Körper und Seele interagieren, wie also der Körper mit dem Denken und Empfinden zusammenarbeitet. Die Wissenschaft, beispielsweise der US-amerikanische Neurowissenschaftler Michael Steven Anthony Graziano (* 1967), begründet sehr anschaulich, warum die gängige Vorstellung einer eigenständigen Seele heute nicht mehr haltbar ist. Wenn Mensch zum Beispiel etwas sieht und empfindet, wirkt sich die stoffliche Welt auf die geistige Substanz aus. Trifft Mensch dagegen einen Entschluss und setzt ihn in die Tat um, liegen die Ursachen in der geistigen und die Wirkungen in der stofflichen Welt. Es braucht also eine kausale Wechselwirkung zwischen Geist und Materie, und zwar in beide Richtungen. In der Forschungsgesichte wurden dafür schon unterschiedliche „Orte" im Gehirn ausgemacht, die dafür zuständig sein sollten. Auch die Zirbeldrüse musste sogar schon dafür herhalten. Heute weiß man, dass im Gehirn eine Unzahl von Nervenzellen existiert, die nach physikalischen und chemischen Gesetzmäßigkeiten funktionieren und zusammenwirken. Auf mikroskopischer Ebene geht also alles mit rechten Dingen zu, das heißt, für alles, was passiert, gibt es materielle Ursachen. Keine Spur davon, dass irgendeine mysteriöse „geistige" Substanz ihren Einfluss entfalten könnte. Für die wohl meisten Wissenschaftler ist es deshalb ziemlich klar: Dualismus ist ein Hirngespinst. Es gibt nur eine Substanz und das ist die Materie. Unabhängig davon sind die Vorgänge im Gehirn extrem komplex und bis heute nur partiell erklärbar. Fälle aus der Medizin beispielsweise zeigen aber, dass mit der Schädigung bestimmter Hirnregionen auch bestimmte Aspekte der Psyche ausfallen. Trifft eine Verletzung oder ein Schlaganfall bestimmte Hirnareale, kann der Geschädigte zum Beispiel keine Sätze mehr formulieren. Schädigungen in anderen Regionen können das Sehen von Farben und das räumliche Denken stören. „Die Psyche ist ein Kollektiv und Teile davon sterben, wenn im Maschinenpark etwas hopps geht", schreibt Graziano. Umgekehrt lässt sich die Psyche durch gezielte elektrische Stimulation beeinflussen: Wut, bestimmte Gesten, Kindheitserinnerungen beispielsweise lassen sich durch Stromimpulse an der richtigen Stelle im Gehirn ein- und ausschalten. Wenn auch Vieles noch nicht geklärt ist, es wird so sein, dass sich jeder Gedanke, jede Wahrnehmung, jedes Gefühl auf elektrochemische Vorgänge im Gehirn zurückführen lassen. Und wieder Graziano: „Jede Facette unserer Psyche wird vom Gehirn produziert". Das heißt aber auch: Wenn Mensch stirbt, dann sterben auch Erinnerungen, Erfahrungen, Persönlichkeit des Menschen und keine unsterbliche Seele fährt gen Himmel. Aber unsere Religionslehrer finden Auswege. Aus „Die Sache mit der Seele | evangelisch.de": „Tot ist, wenn man die wissenschaftliche Perspektive akzeptiert, doch nur die anschauliche Vorstellung, die wir uns von unserer Seele machen als immaterieller Geist, der in unserem Körper wohnt und nach dessen Tod anderswo weiter existiert. Tot ist der naive Versuch, unsere Seele als Wesen in Zeit und Raum zu sehen"… und weiter: „Christen aber glauben nicht an die unsterbliche Geist-Seele, sondern an Gott! Die Hoffnung auf Ewiges Leben gründet nicht in der Beschaffenheit unserer Seele, sondern darin, dass Gott stärker ist als der Tod. Sie steht deshalb nicht im Widerspruch zu den obigen Überlegungen (gemeint sind die wissenschaftlichen Erkenntnisse). Beides lässt sich ganz gut zusammendenken". Die Erzählung von der unsterblichen Seele können wir also getrost in die Tonne treten? Übrig bleibt alleine der Allmächtige, der nun einmal stärker ist als der Tod? Und ich komme zu dem Schluss: Man hätte extrem abkürzen und sich viele Irrwege ersparen können. Ockhams Rasiermesser lässt grüßen und Ockham dreht sich genüsslich im Grabe um. Aber sie geben nicht auf. Sie sind der Ansicht – und das ist der Unterschied zur Psyche – sie, die Seele, sei die von Gott geschaffene geistige und unsterbliche Wesensform des Menschen, die seine unverwechselbare Individualität bestimmt. Und noch weiter, sie, die Seele ist eine nicht an einen leiblichen Körper gebundene, aber durchaus (wie auch immer) auf ihn einwirkende Instanz. Die Seele existiert an sich. Und dann fällt mir doch noch eine Frage ein: Haben auch Tiere eine Seele? Als Geschöpfe Gottes sollten sie eigentlich eine haben. Ich erinnere an meine Definition: Psyche ist die Gesamtheit der emotionalen Erfahrungen eines Lebewesen sowie dessen Fähigkeit, diese abzuspeichern, abzurufen und zu verarbeiten. Meine Hühner erinnern sich an mich, wenn ich am Tor auftauche und einen Korb dabei habe. Sie erinnern sich, dass dieser Futter enthält. Ob sie auch eine Seele haben, darüber sagen die Religionen meines Wissens nichts.

Ich nehme kurzerhand Ockhams Rasiermesser: Es gibt keine unsterbliche, vom Körper des Menschen bzw. vom Körper jedweden Lebewesens unabhängige geistige Instanz. Die Psyche ist die Seele des Menschen und gegebenenfalls die aller Lebewesen. Sie bildet die Gesamtheit der emotionalen Erfahrungen eines Lebewesen sowie dessen Fähigkeit, diese abzuspeichern, abzurufen und zu verarbeiten. Sie ist insbesondere nicht unsterblich und stirbt mit dem Körper. So einfach ist das! Die Erfindung der unsterblichen Seele hat zudem zu Komplikationen am Ende eines Menschenlebens geführt, die bis heute nicht entwirrt sind. Eine der noch nicht einheitlich beantworteten Fragen ist zum Beispiel die nach dem Verbleib der Seele, bevor sie endgültig an der Seite Gottes „platznehmen". Dies ist tatsächlich eine der verrückten Fragen, mit denen sich unsere Seelentheoretiker herumschlagen. Ich füge hinzu: Statt etwas für die Verbesserung des Zustandes dieser Welt zu tun. Irgendwie scheinen sie etwas falsch verstanden zu haben!

Über das Jenseits

Sprechen wir also über das Jenseits. Auch die Ortsbestimmung jenseits hat es, wie schon im Kapitel „Über das Diesseits" festgestellt, substantiviert zu einem religiös-philosophischen Begriff gebracht. Dieses Jenseits, von dem hier die Rede ist, ist die Geschäftsidee der Religionen. Es geht um eine Wirklichkeit jenseits der von uns wahrnehmbaren. Dummerweise existiert diese ausschließlich in den Gehirnen von uns Menschen. Jedenfalls hat sie noch keiner wirklich erfahren und höchstwahrscheinlich sind wir Menschen die einzige Art auf unserem Planeten, die ein Jenseits überhaupt denken kann. Nach Wikipedia gilt:

Jenseits: Jenseits bezeichnet eine andere als die Naturwirklichkeit, die unabhängig von ihr existiert und daher nur mittels eines transzendenten Bewusstseinszustandes wahrgenommen werden kann, der dem naturwissenschaftlichen Denken und Forschen nicht zugänglich ist.

Nur Lebewesen, die sich ihrer selbst bewusst sind, Lebewesen mit einem Bewusstsein, sind in der Lage, das Diesseits als Diesseits überhaupt wahrzunehmen und sich ein Jenseits vorstellen zu können. In Anlehnung an Prof. Dr. Peter zu Eulenburg, Neurologe an der Ludwig-Maximilians-Universität München, der gesagt hat „Ohne Gehirn kein Gott" (aus „Zweiteilige Dokureihe mit Harald Lesch, Die großen Fragen: Gibt es Gott?") behaupte ich schon mal: „Ohne Gehirn kein Jenseits". Ich bin mir nicht sicher, wie Eulenburg seine Aussage interpretiert haben will. Ich interpretiere meine Behauptung „Ohne Gehirn kein Jenseits" jedenfalls so: Das Jenseits an sich existiert nicht, es existiert ausschließlich in unseren Gehirnen. Wenn das Gehirn ausfällt, fällt auch das Jenseits aus. Aber es ist noch viel schlimmer und wir werden noch sehen, dass auch mit Unterstützung des menschlichen Gehirns, zumindest die Existenz des religiösen Jenseits ziemlich weit hergeholt ist. Die Religionen sind es, die von der Existenz einer jenseitigen Wirklichkeit überzeugt sind, überzeugt sein müssen. Denn ohne Jenseits kein Leben nach dem Tod und ohne Leben nach dem Tod keine Auferstehung und keine Hoffnung auf ewiges Leben. „Orte" des Jenseits sind der Himmel – im Judentum „Die kommende Welt" und im Islam meistens das Paradies – und die

45

Hölle. Der Himmel gilt als Ort der Belohnung und des ewigen Glücks für diejenigen, die gottgefällig auf Erden gelebt haben, die Hölle als Ort der ewigen Bestrafung für diejenigen, die nicht gottgefällig gelebt haben. Die Katholiken haben noch das Fegefeuer, lateinisch Purgatorium für Läuterung, Reinigung. Es ist der Ort für diejenigen, die aufgrund ihrer Verfehlungen nicht unmittelbar in den Himmel dürfen und sich erst noch von allem Schlechten reinigen müssen. Ich werde im Zusammenhang mit dem Jüngsten Gericht auf die Orte der ewigen Glückseligkeit und der ewigen Verdammnis noch etwas genauer eingehen. Auch die Kosmologen, jedenfalls einige von ihnen, postulieren jenseitige Welten neben oder parallel zu der, in der wir leben. Sie nennen das ganze Konstrukt Multiversum. Das Entstehen und Vergehen der Universen im Rahmen der Multiversum-Theorie kann man sich nach Stephen Hawking als Ergebnis von Quantenfluktuationen vorstellen, vergleichbar mit blubbernden Gasblasen – oder auch mit Seifenblasen, an denen sich unsere Kinder erfreuen –, die häufig nicht „lebensfähig" sind und schon nach kurzer Zeit in sich zusammenfallen. Andere expandieren, blähen sich über alle Maßen auf und zerreißen, wieder andere – hier hört der Vergleich mit den Gas- und Seifenblasen allerdings auf – expandieren, erzeugen Galaxien, Sonnen, Planeten und Monde, möglicherweise auch Leben und sterben schließlich den Kältetod (siehe auch im Kapitel „Über das Ende des Diesseits"). Mindestens eines dieser zuletzt genannten Art kennen wir. Es ist unser Universum mit Milliarden von Galaxien, Übermilliarden von Sternen, Planeten, Monden und mit mindestens einem Planeten, auf dem Leben entstanden ist. Es scheint ziemlich sicher, dass wir Menschen in diesem unseren Universum gefangen sind, niemals aus ihm herauskommen und die jenseitigen Universen niemals sehen und besuchen können. In diesem Fall ist die Grenze weder ein Fluss, noch der Tod, sondern etwas äußerst Grundsätzliches unserer Welt, nämlich ihre Abgeschlossenheit in Raum und Zeit. Nach der sogenannten M-Theorie sollen 10^{500} Universen möglich sein, jedes mit eigenen Gesetzen (siehe „Der große Entwurf" von Stephen Hawking). Manch einer wird behaupten, dies sei nicht weniger spekulativ als die Existenz des religiösen Jenseits. Aber immerhin, zum Multiversum führen physikalische Theorie, während das religiöse Jenseits gewissermaßen aus der Luft gegriffen ist.

Über Weltanschauungen und Religionen

Was man gemeinhin unter einer Weltanschauung und dem verwandten Begriff Weltbild versteht, habe ich bereits im Vorwort versucht, zu definieren. Die Definition einer Weltanschauung wiederhole ich an dieser Stelle.

Weltanschauung: Unter einer Weltanschauung versteht man die auf Überlieferung, Wissen, Erfahrung und Empfinden basierende Gesamtheit persönlicher Wertungen, Vorstellungen und Sichtweisen, die die Deutung der Welt, die Rolle des Menschen und den Sinn des Lebens betreffen.

Es geht hier nicht um Mathematik und es ist auch nicht so ganz einfach, eine halbwegs schlüssige Festlegung zu treffen. Aber ich denke, die getroffene ist nicht einmal so schlecht. Es geht also um die Deutung der Welt, die Rolle des Menschen und um den Sinn der ganzen Veranstaltung. Und was noch wichtig ist: es geht um persönliche Wertungen, Vorstellungen und Sichtweisen und die basieren nun einmal auf Überlieferungen (Erziehung), werden ergänzt durch erworbenes Wissen (Schule) und schließlich durch persönliche Erfahrung und persönliches Empfinden. Es gibt aber auch ungleich kompliziertere Umschreibungen. Beispielsweise bezeichnet „Weltanschauung" nach dem Artikel von J. Edgar Bauer im Handwörterbuch religionswissenschaftlicher Grundbegriffe (Band V, 2001, S. 351-354, Zitat S. 352) „die auf die Totalität des Wirklichen in seiner Bezogenheit auf das letzte Erklärungsprinzip und auf den 'anschauenden' Menschen selbst gerichtete Einstellung, die zu einer das Leben, Handeln und Werten bestimmenden geistigen Haltung wird. Die Weltanschauung stiftet Ordnung in der Wirklichkeit aus einer in sich einheitlichen und die Mannigfaltigkeit der Welt vereinheitlichenden Sicht heraus, sodass die Wirklichkeit als organische Ganzheit erfassbar wird." Ich denke, das ist etwas für die Studierstuben. Aber was ist der Unterschied zwischen Religion und Weltanschauung? Auch das zu beantworten ist alles andere als einfach. Im Netz findest du unzählige Aussagen dazu. Relativ einfach, möglicherweise aber nicht für alle Fälle zutreffend, lässt sich eine Weltanschauung als eine säkulare Religion ansehen – also als eine Sicht und Deutung der Welt ohne Bezug zu einem Gott oder etwas anderem Übernatürlichen. Religion ist damit eine Unterkategorie einer Weltanschauung. Sie braucht eine zusätzliche Instanz, eben Gott. Als Beispiel einer in diesem Sinne areligiösen Weltanschauung nenne ich den Evolutionären Humanismus. Schon alleine deshalb, weil in unserer Nachbarschaft das Stiftungshaus der Giordano Bruno-Stiftung steht. Diese wurde 2004 von dem 2023 verstorbenen Unternehmer Herbert Steffens und dem heutigen Vorstandssprecher Michael Schmidt-Salomon gegründet. Das Leitmotiv der Stiftung ist der „Evolutionäre Humanismus". Der Begriff „Evolutionärer Humanismus" wurde von dem britischen Biologen, Philosophen und Schriftsteller Julian Huxley (* 1887; † 1975) geprägt. Danach unterliegen ethisch-politische Normen einem historischen Entwicklungsprozess genauso wie wissenschaftliche Erkenntnisse stets fehleranfällig und korrekturbedürftig sind. Der evolutionäre Humanismus sieht sich nicht absolut, sondern als Rahmenmodell, das andere weltanschauliche bzw. religiöse Standpunkte fair berücksichtigt. Sein Bild von der Welt ist nicht statisch, sondern auf Weiterentwicklung ausgerichtet. Im „Manifest des evolutionären Humanismus" (siehe Literaturverzeichnis) plädiert Michael Schmidt-Salomon für eine naturalistische Philosophie. Sie basiert auf einem Bild des Kosmos, in dem alles „mit rechten Dingen zugeht", in dem es keine metaphysischen Fabelwesen – Götter, Dämonen, Hexen oder Kobolde – gibt, die auf supranaturalistische Weise durch Wunder in das Weltgeschehen eingreifen. In der Einleitung zum Manifest heißt es unter anderem:

„Wir leben in einer Zeit der Ungleichzeitigkeit: Während wir technologisch im 21. Jahrhundert stehen, sind unsere Weltbilder noch von Jahrtausende alten Legenden geprägt. Diese Kombination von höchstem technischen Know-how und naivstem Kinderglauben könnte auf Dauer fatale Konsequenzen haben. Wir verhalten uns wie Fünfjährige, denen die Verantwortung über einen Jumbojet übertragen wurde." Und weiter „Wer heute ein logisch konsistentes (widerspruchsfreies), mit empirischen Erkenntnissen übereinstimmendes (unserem systematischen Erfahrungswissen entsprechendes) und auch ethisch tragfähiges Menschen- und Weltbild entwickeln möchte, muss notwendigerweise auf die Ergebnisse der wissenschaftlichen Forschung zurückgreifen. Die traditi-

onellen Religionen, die bislang das menschliche Selbstverständnis präg-
ten, können diese Aufgabe nicht mehr erfüllen."

Hinweis:

Ich gestehe, diese Auffassung von der Welt kommt mir entgegen. Und
das nicht der Nachbarschaft wegen. Und ich vermute, auch Ockham hätte seine Freude daran.

Religiöse Aspekte, über die wir bisher gesprochen haben, bezogen sich
stets auf die abrahamitischen Religionen. Die Beschränkung auf diese –
ich darf es noch einmal wiederholen – ist keine Missachtung der anderen
Religionen dieser Welt, sondern alleine der Tatsache geschuldet, dass
eine noch so oberflächliche Beschäftigung mit ihnen den Rahmen des
Büchleins sprengen würde. Du kannst beispielsweise unter
„www.suedkurier.de/ueberregional/wissenschaft/Die-10-groessten-
Religionen-und-Glaubensrichtungen;art1350069,10389587" kurze
Zusammenfassungen über die wichtigsten Religionen nachlesen. Ich
beschäftige mich nur mit einigen wenigen Aspekten der abrahamitischen
Lehren. Ein wesentliches gemeinsames Merkmal der abrahamitischen
Religionen ist die Tatsache, dass es sich um Offenbarungsreligionen
handelt. Aber was steckt hinter dem Begriff der Offenbarungsreligion?

Offenbahrungsreligion: Unter einer Offenbarungsreligion versteht man
eine Religion, die sich darauf beruft, von Gott eine Offenbarung erhalten
zu haben. Dies sind vor allem die monotheistischen Religionen, das
Judentum, das Christentum und der Islam, die diese Offenbarung mit
ihren jeweiligen heiligen Schriften erhalten haben: mit der hebräischen
Bibel, dem Tanach, der christliche Bibel und mit dem Koran. Die Emp-
fänger der göttlichen Offenbarungen sind die Propheten.

Diese grundsätzliche Berufung auf die heiligen Schriften und der Glaube
an ihre göttliche Wahrheit, ziehen es nach sich, dass Abhandlungen über
religiöse Fragen üblicherweise mit zahlreichen Zitaten aus den jeweiligen Schriften belegt werden. Nur zur Klarstellung: Es handelt sich –
jedenfalls aus meiner Sicht – um die Aufzeichnungen über die Gottes-,
Endgerichts- und Jenseitsfantasien von Menschen. Dass die Propheten
Menschen waren, hat meines Wissens noch niemand bestritten. Und

heute noch versuchen die theologischen Wissenschaftler aus diesen Aufzeichnungen, die Wahrheit über den Tod, das Gericht und das Jenseits zu saugen. „Als unbedingt wahr" gilt, was Prophet A oder B gesagt hat oder was in dem ‚heiligen' (deshalb nicht kritisierbaren) Text C steht. Schon zaghafter Widerspruch gilt als Häresie …" (aus „Manifest des evolutionären Humanismus"). Dies ist von meinen Verstand, den mir der Allmächtige gegeben hat, falls er ihn mir gegeben hat, nicht fassbar und ihm auch nicht zuzumuten.

Die heiligen Schriften hatte ich schon genannt, den Tanach, die Schrift des Judentums, die Bibel des Christentums und den Koran des Islam. Die vier großen Propheten des Alten Testaments sind Daniel, Ezechiel, Jeremia und Isaias. Mit der Geburt und dem Leiden Jesu haben sich die Voraussagen der Propheten des Alten Testaments erfüllt. Die, die das nicht glaubten, blieben Anhänger des Judentums. Diejenigen, die Jesus als Sohn Gottes anerkannten, gründeten die neue Glaubensgemeinschaft des Christentums. Die anfänglich kleine und verfolgte Glaubensgemeinschaft stieg im Laufe der Jahrhunderte zur mächtigsten überhaupt auf. Unter welchen Umständen und mit welchen zum Teil unmenschlichen Methoden dieser Aufstieg vonstattenging, kann ich an dieser Stelle nicht behandeln. Es handelt sich jedenfalls um eine Geschichte, die der deutsche Schriftsteller und Historiker Karlheinz Deschner (* 1924; † 2014) in zehn Bänden als „Kriminalgeschichte des Christentums" veröffentlicht hat.

Der Islam kennt rund 25 Propheten. Viele davon kamen vorher schon im Judentum und im Christentum vor. Im Islam haben sie allerdings zum Teil andere Namen. Zu ihnen gehören Ibrahim (Abraham), Musa (Mose), Ismail (Ismael), Nuh (Noah), Yunus (Jona) und Isa (Jesus). Der wichtigste Prophet für die Muslime ist jedoch Mohammed. Er hat ihnen die Botschaft Allahs in Form des Korans überbracht. Die Muslime gehen davon aus, dass Mohammed der letzte Prophet war, den Gott den Menschen geschickt hat. Ich darf ergänzen: Ich bin zwar kein Muslim, aber ich glaube auch, dass Mohammed der letzte Prophet war, den Gott den Menschen geschickt hat. Ich gehe noch einen Schritt weiter: Ich behaupte sogar, es zu wissen, dass Mohammed der letzte Prophet war, den Gott geschickt hat.

Über Auferstehung und ewiges Leben

Um vom Diesseits ins Jenseits zu gelangen, ist zunächst einmal ein Mechanismus notwendig, der diesen Übergang bewerkstelligen kann. Die Kosmologen sehen bis dato keine Möglichkeit, um von unserem Universum in ein anderes, etwa ein Nachbaruniversum im Multiversum zu gelangen. Jedenfalls habe ich darüber nichts gefunden. Wahrscheinlich ist es ja auch der systemischen Abgeschlossenheit wegen gar nicht möglich, wie schon im Kapitel „Über das Jenseits" vermutet. Dagegen sind die Theologen um einiges einfallsreicher. Sie haben es natürlich auch einfacher. Sie benötigen keine physikalischen Theorien, sie behaupten einfach. Auferstehung ist das Zauberwort, wenn es um den Leib geht. Oder einfach sich vom Körper loslösen und in den jenseitigen Zustand übergehen, wenn es um die Seele geht. Aber der Reihe nach. Um über „Auferstehung" reden zu können, ist, wie immer, eine Vereinbarung über die Begrifflichkeit notwendig. Was also bedeutet Auferstehung? Ich schicke voraus, es ist wieder einmal ausgesprochen schwierig, eindeutige Antworten zu bekommen. Ich habe nachgeschlagen und mir erneut Hilfe bei Wikipedia geholt: „Als Auferstehung wird die Aufrichtung Gestorbener zu einem ewigen Leben nach oder aus dem Tod bezeichnet". Das ist aus meiner Sicht ziemlich unklar. Ich formuliere deshalb mit eigenen Worten:

Auferstehung: Unter Auferstehung wird die Auferweckung Verstorbener zu neuem Leben verstanden.

Dem christlichen Glaubensbekenntnis folgend entspricht es dem, was Jesus widerfahren ist: „...am dritten Tage auferstanden von den Toten...". Obgleich es nicht sehr eindeutig formuliert ist. Denn es folgt weiter: „... aufgefahren in dem Himmel...". Und es wird nicht klar, ob der Leib oder nur die Seele oder vielleicht ja auch beide in den Himmel aufgefahren sind. Aber „www.vaticannews.va/de/vatikan/news/2023-05/heute-christi-himmelfahrt-bedeutung-kirche-orthodoxie-katholisch.html" schafft Klarheit: „Mit dem Fest der Himmelfahrt Jesu endet das irdische Leben Jesu, der mit seinem Leib in Anwesenheit der Apostel physisch zum Vater fährt und bis zu seiner Wiederkunft (Paru-

sie) zum Jüngsten Gericht (siehe Kapitel „Über das Jüngste Gericht")
nicht mehr auf der Erde erscheinen wird." Na also, das ist doch mal ein
eindeutiges Wort! Bei mir löst es allerdings nur ungläubiges Erstaunen
aus, wobei ich allerdings auch glaube, dass Jesus bis zum Jüngsten Gericht nicht mehr auf der Erde erscheinen wird. Ich gehe auch in diesem
Fall, wie übrigens schon bei Mohamed, noch einen Schritt weiter und
behaupte, dass er niemals mehr auf der Erde erscheinen wird.

Ich definiere noch, was man unter dem ewigen Leben versteht. „In Zukunft ewig", auch zukunftsewig, heißt ja wohl, dass es zu jedem zukünftigen Zeitpunkt einen späteren Zeitpunkt gibt. Nur noch eine Bemerkung an dieser Stelle: Die Körper der Menschen und aller Lebewesen auf unserem Planeten leben nicht ewig. Ich denke, diese Aussage
bedarf keiner weitergehenden Beweisführung. Sie kann wie ein Axiom
in der Mathematik gesehen werden.

Was sagen nun die Religionen zur Auferstehung und zum ewigen Leben? Auferstehung und ewiges Leben zählen schließlich zu ihren wesentlichen Geschäftsideen. Ich bleibe wieder bei den abrahamitischen
Religionen und dabei vorzugsweise bei meiner anerzogenen, der christlichen. Bei den Themen, um die es hier geht, sind die Unterschiede auch
nur marginal, jedenfalls dann, wenn man nicht zu sehr tief in die Schriften eintaucht.

Das Christentum lehrt, dass die Seele des Menschen unsterblich ist. Sie
trennt sich beim Tod des Menschen von dessen Körper und lebt dann
irgendwo, wo auch immer – ich komme noch darauf – weiter. Am Ende
aller Tage werden die Leiber der Toten auferweckt und ihre Seelen mit
ihren Leibern wieder vereint. Genau das ist die Auferstehung der Toten.
An dieser Stelle könnte man schon mal in Versuchung geraten, das Ganze als ausgemachten Blödsinn abzutun, zumindest, wenn man zum ersten Mal davon gehört hat. Auch einigen Religionslehrern waren diese
Vorstellungen offenbar nicht ganz geheuer, wenn sie ihr Unbehagen
auch etwas komplizierter ausdrückten. Allerdings haben sie die beschriebenen Auferstehungsvorstellungen durch noch abstrusere ersetzt.
So erfanden hohe Würdenträger der evangelischen Christenfraktion den
Ganztod. Ja, du hast richtig gelesen, den Ganztod haben sie erfunden.
Als ich das erste Mal davon gelesen habe, hat es mir beinahe den Atem

verschlagen. In jüngerer Zeit nämlich haben „moderne" evangelische Theologen, denen es wohl zu langweilig wurde in ihren Studierstuben (sorry, aber ich kann nicht wollen, was ich will), einen radikalen Bruch mit der herkömmlichen Lehre von der Seele vollzogen. Sie halten nichts mehr von der Seele als eigenständiger Substanz. Sie kommen somit der wissenschaftlichen Auffassung entgegen. Immerhin! Es wurde auch Zeit, füge ich hinzu. Trivialerweise ist damit aber auch die Trennbarkeit von Körper und Seele obsolet. Aber wie soll das dann mit der Auferstehung funktionieren, frage ich mich und haben sich die Herrschaften dann wohl auch gefragt. Ihre Lösung des Problems sieht in etwa so aus: Mit dem Tod sterben Körper und Seele. Die Auferstehung von den Toten (siehe „Seele – Wikipedia") „ist somit nicht eine Wiederverbindung der ununterbrochen fortexistierenden Seele mit dem auferstandenen Körper, sondern Auferstehung des ganzen Menschen". Der Tod tötet also Körper und Seele und die Auferstehung lässt beide wieder auferstehen, macht den Menschen also wieder „ganzlebendig" als Gegenstück zu „ganztot".

Diese Theorie muss sicher ein Schlag ins Gesicht derer gewesen sein, die bis dahin an die Unsterblichkeit der Seele geglaubt hatten. Aber nein, sie haben es wahrscheinlich mehrheitlich gar nicht mitbekommen. In ihren Studierstuben haben sie es ausgekaspert, die Herren Althaus, Barth, Brunner, Jüngel, Moltmann und Cullmann (siehe „Seele – Wikipedia"). Ich komme nicht daran vorbei, ein paar Vertreter dieser „modernen" theologischen Zunft etwas genauer zu beleuchten und ganz kurz auf ihre sonstigen theologischen Umtriebe einzugehen: Paul Althaus (* 1888; † 1966, Deutscher, evangelischer Theologe), bekannt durch seine Ur-Offenbarungslehre, was immer dahinter steckt, durch seine Schöpfungsethik und als Lutherforscher, umstritten wegen seiner positiven Einstellung zum Nationalsozialismus, seiner antisemitischen Äußerungen und seines Eintretens für die Einführung eines Arierparagraphen in der Kirche, Karl Barth (* 1886; † 1968, Schweizer, evangelisch-reformierter Theologe), gilt im Bereich der europäischen evangelischen Kirchen aufgrund seines theologischen Gesamtwerks als „Kirchenvater des 20. Jahrhunderts", Emil Brunner (*1889; †1966, Schweizer, ebenfalls evangelisch-reformierter Theologe), eine Zeit lang Weggefährte Karl Barths, später Vordenker einer natürlichen Theologie (versucht aus natürlichen Quellen Erkenntnisse über Gott zu gewinnen), die Barth damals entschieden ablehnte, Eberhard Jüngel (* 1934, Deutscher, evangelischer Theologe), bis 2003 Ordinarius für Systematische Theologie und Religionsphilosophie, Direktor des Instituts für Hermeneutik (Theorie über die Interpretation von Texten) an der Eberhard Karls Universität Tübingen, bis 2013 Kanzler des Ordens Pour le mérite für Wissenschaften und Künste, mehrfach ausgezeichnet für seine wissenschaftlichen Leistungen, Jürgen Moltmann (* 1926, Deutscher, evangelischer Theologe), bekannt unter anderem durch seine systematischen Beiträge zur Theologie, in denen er das gesamte Gebiet der Dogmatik neu bearbeitete und Oscar Cullmann (* 1902; † 1999, Deutscher, evangelischer Theologe und Exeget (Auslegung bzw. Interpretation von Texten)). Eine beeindruckende Riege also.

Hinweis:

Ich kann die Leistungen der Herren natürlich nicht beurteilen. Aber es hört sich schon ziemlich beeindruckend an: „Vordenker einer natürlichen Theologie", „Kirchenvater des 20. Jahrhundert", „Mehrfach ausgezeichnet für seine wissenschaftlichen Leistungen".

Im Übrigen, die Theologen sehen ihre eigenen Methoden überwiegend als objektiv an und halten sich daher selbst für Wissenschaftler. Diese Idee, nämlich die Idee, dass es sich bei der Theologie tatsächlich um eine Wissenschaft handele, stammt übrigens von Thomas von Aquin, einem der bedeutendsten katholischen Kirchenlehrer, Philosoph und Theologe im 13. Jahrhundert (* 1225; † 1274). Er sah im Glaubensbekenntnis die gleiche Rolle wie die der Axiome in der Mathematik. Dazu möchte ich mich nicht äußern, weil ich mich als Mathematiker befangen fühle. Nach katholischen Theologen, die Anhänger der Ganztodtheorie sind, habe ich vergeblich gesucht. Falls es sie dennoch geben sollte, die Kritik an diesen Vorstellungen überwiegt jedenfalls („Seele – Wikipedia"). Ich sehe mir eine Kritik an der Ganztodtheorie an, weil sie sehr schön die Gedankenwelt aufzeigt, mit denen sich die Seelen- und Ganztodtheoretiker so beschäftigen. Siehe dazu unter „Das Jenseits: Das Katholische und evangelische Modell (k-l-j.de)": „Das größte Problem der Ganz-Tod-Theorie ist die Frage der Individualität und Kontinuität des

Menschen. Wenn der Mensch in seinem Tod vollkommen verschwindet und dann am jüngsten Tag von Gott wieder neu erschaffen wird – was hat der neue Mensch dann noch mit dem alten zu tun? Wie wird dort eine Individualität bewahrt? Natürlich kann Gott dem neu erschaffenen Menschen Erinnerungen andichten; aber letztlich sind diese Erinnerungen eben nicht wahr und wirklich (ich schiebe eine bescheidene Frage ein: Die Ganztodtheorie führt also zwangsläufig zu der Erkenntnis, dass Gott lügt?). Noch drastischer ist es natürlich, wenn Gott am jüngsten Tag Menschen erschafft, denen er Erinnerungen und Wesensarten verleiht, die zu ihrer Verdammung führen. Insofern ziehen die Ganztod-Theorie-Vertreter den vernünftigen Schluss, dass sich diese Theorie nicht mit der Existenz der Hölle verträgt. Gott erschafft keinen Menschen nur zum Leid. Aber umgekehrt stellt sich diese Frage genauso (wenn auch nicht so dramatisch): Wie kann Gott einem Menschen nur zur Freude erschaffen, ausgestattet mit positiven Erinnerungen – wenn andere im Tod bleiben müssen. Vor allem aber drängt sich die Frage auf, warum es dann überhaupt diese Erdenzeit gibt, wenn Gott Menschen aus dem Nichts erschaffen kann, die ‚himmlisch‘ sind und an der Ewigkeit teilhaben". Ich denke, an dieser Stelle sollte ich abkürzen. Nur noch das: Ja, warum gibt es diese Erdenzeit. Warum existiert die Welt und warum wir. Siehe dazu im Kapitel „Warum existiert die Welt?" Ich zücke schon mal und wieder einmal Ockhams Rasiermesser, sage „Prost Mahlzeit" und oute mich an dieser Stelle schon mal als Anhänger meiner ganz eigenen Ganztod-Theorie, die in etwa so lautet: Nachdem der Mensch gestorben ist, ist er tot, ganztot und er steht niemals wieder auf. Und für die Zurückgebliebenen gibt es den Trost, dass es dem Verstorbenen gut geht. Sein Frieden ist der Tod. Und jeder Mensch, dem der Verstorbene etwas bedeutet hat, kann sich seiner erinnern, im Guten wie im Bösen. Und ich schicke noch ein Gebet zum Himmel: Lieber Gott, falls es dich gibt, lass sie gegen das Leid der Welt aufstehen, statt sich an Theorien über ihre Seelen zu ergötzen! Was mir noch dazu einfällt, fällt mir unwillentlich ein, das heißt, ich kann nicht anders: Die Verfechter der Ganztodtheorie – im Übrigen alle Seelentheoretiker – sollte man eigentlich anklagen, anklagen wegen Verbreitung hochgradigen Unsinns. Allein der Begriff Ganztod treibt mir die Scham ins Gesicht. Ich schäme mich fremd für meine Artgenossen, die sich von einem Gott nach seinem Bild erschaffen wähnen, nicht zu den schlecht ausgebildetsten unserer Art zählen und dennoch derartigen Unsinn verbreiten und ihre Klientel auf diese Art und Weise betrügen. Sie sind nicht besser als alle Betrüger dieser Welt. Nein, sie sind noch betrügerischer, weil man von ihnen, wenn auch wohl fälschlicherweise, Ehrlichkeit erwartet. So, wie man die Kinder, die man ihnen anvertraut hatte, in der Obhut Gottes wähnte. Es kann eigentlich nicht anders sein, sie können unmöglich glauben, was sie verbreiten. Ich rege mich wieder ab. Aber sie müssen es doch irgendwann einmal einsehen, dass sie mit dieser Art von Mythen und Legenden und Märchen notgedrungen den Kürzeren ziehen werden und ziehen müssen. Karlheinz Deschner hat wahrscheinlich recht: „Je größer der Dachschaden, desto schöner der Ausblick zum Himmel".

Und Ockham schreit zum Himmel! Und in mir steigt Wut auf, Wut über diese Art von Theorien, die zu nichts anderem taugen, als die Gehirne eitler Theologen zu beschäftigen, denen es offenbar zu langweilig geworden ist in ihren Studierstuben.

Über das Jüngste Gericht

Ich hatte noch nicht darüber gesprochen, wo sich eigentlich die Seelen der Verstorbenen aufhalten bis zum Ende aller Tage und was dann eigentlich mit ihnen passiert. Falls die Ganztodtheoretiker recht behielten, wären die Seelen ja tot. Sie würden sich also nicht irgendwo aufhalten, sie wären ganz einfach tot. Schließlich sind die Seelen ja körperlos. Eine tote Seele hat also keinen Ort. Ich hoffe, ich habe die Ganztodtheoretiker richtig verstanden. Die herkömmlichen Lehren der abrahamitischen Religionen unterscheiden sich schon mal in Einzelheiten. Ich kann sie trivialerweise nicht alle in Augenschein nehmen. Ich beschränke mich deshalb auf ein paar wenige Aussagen. Die Vorstellungen des Judentums vom Jüngsten Gericht habe ich schon im Kapitel „Über die Seele" angesprochen. Wieder aus „Unsterbliche Seelen | Jüdische Allgemeine (juedische-allgemeine.de)": „Die jüdische Überlieferung weiß von verschiedenen Möglichkeiten, wohin sich eine Seele nach dem Tod wenden kann, je nachdem, wie der Mensch gelebt hat. Entweder wird sie direkt ins Paradies oder in das Gehinom (Hölle) gelangen. Eine andere Möglichkeit ist, dass die Seelen nur für einen bestimmten Zeitraum in das Gehinom und anschließend, nach Verbüßung der Strafe, ins Paradies gehen. Eine Alternative besteht darin, dass die Seele eine gewisse Zeit ruhelos existiert…". Dies hört sich leicht verworren an und ist es wohl auch. Die Jenseitsvorstellungen des Judentums wurden nie vereinheitlicht. Gleichwohl geht man davon aus, dass es nach dem Tode weitergeht, etwa so: Jeder Mensch wird nach seinem Sterben vor Gottes Gericht gestellt und am Jüngsten Tag (siehe unten) werden alle Toten auferstehen. Gott lässt an diesem Tag aus den Gebeinen alle Menschen lebendig werden. Wo die Körper und Seelen dann schlußendlich bleiben, soll uns an dieser Stelle nicht beschäftigen. Hier geht es zunächst um das Gericht.

Karlheinz Deschner hat einmal gesagt: „Die Welt schaut aus, dass man ihr keine Stunde voll ins Gesicht sehen kann, ohne verrückt zu werden". Ich denke, dass die Verrückten dieser Welt nicht verrückt sind, weil sie der Welt mehr als eine Stunde ins Gesicht geschaut haben. Sie sind vielmehr Teile dieser Welt, der man nicht länger als eine Stunde ins Gesicht sehen kann, ohne verrückt zu werden. Da beißt sich die Katze allerdings in den Schwanz und irgendwie kriege ich die Überleitung zum Gericht über die Menschen am Ende aller Tage nicht so richtig hin. Ich beginne also einfach mit den Straftaten, die zu einer Anklage und zum Gericht führen.

Die kriminellen Tatbestände dieser Welt sind im Einzelnen nicht zu fassen, sie sind gewissermaßen unfassbar. Ich rede über die Summe der Taten aller Zeiten, die unsere Welt so aussehen lässt, wie sie aussieht. Sie handeln von Unterdrückung und Sklaverei, von Folter und Misshandlung, von der millionenfachen Abschlachtung von Artgenossen, von der Vernichtung ganzer Völker, von Flucht und Vertreibung, von unsäglichen Kriegen, unsäglichem Leid, der Verfolgung Andersdenkender, der Verfolgung Andersgläubiger, nicht zuletzt im Namen der Götter, von Hunger und Elend, von Unbarmherzigkeit und Herzlosigkeit, Vergewaltigung und Schändung, Mord und Totschlag und Vergasung. Die Täter sind nicht nur unsere politischen, geistigen und militärischen Führer, sondern wir alle, die wir uns nicht widersetzt, nichts dagegen unternommen und die Taten zugelassen oder sie unterstützt und sogar selbst ausgeführt haben.

Hinweis:

Die guten Taten dieser Welt möchte ich allerdings nicht übergehen. Ich würde alle die beleidigen, die versucht haben, das Leid der Welt zu mildern, die in Not geratenen geholfen, Mitleid geübt und Flüchtlinge aufgenommen, die Umwelt geschützt, Tiere anständig behandelt und Andersgläubige, Andersdenkende und Andershandelnde respektiert haben und es weiter tun.

Die Verantwortlichen für die kriminellen Tatbestände werden in der Regel nicht zur Rechenschaft gezogen. Es existieren keine weltweit gültigen Gesetze, die derartige Taten ächten, es existiert keine Strafverfolgungsbehörde, kein Strafmaß für diese Vergehen und insbesondere auch keine Gerichtsbarkeit und schon gar kein Richter auf dieser Welt. Bis vielleicht auf den Internationalen Gerichtshof in Den Haag. Aber der ist ein Papiertiger. Zugang zum Gericht haben nur Vertragsstaaten. Dies sind aber längst nicht alle. Die USA, Russland und China gehören zum Beispiel nicht dazu. Weil das alles so schwierig ist im Hier und Jetzt, haben die Religionslehrer Gesetze und Vorschriften, die Anklagebehörde, das Strafmaß und den Richter kurzerhand erfunden und das Jüngste Gericht in die Welt gesetzt. Sie nennen es auch Endgericht, Jüngster Tag, Letztes Gericht, Weltgericht und Gottesgericht. Diese Erfindung oder ich sage etwas zurückhaltender, diese Vorstellung, geht zurück auf antike und alttestamentarische Endzeitvorstellungen. Es interessiert mich aber tatsächlich weniger, woher diese Vorstellungen kommen und wie alt sie sind, als die in den heutigen Köpfen vorherrschenden Auffassungen über dieses, das Weltgeschehen abschließende, göttliche Weltgericht. Und es gibt noch ein Gericht, mit dem ich mich notgedrungen befassen muss. Dieses zweiten, genaugenommen ersten Gerichts, sind sich wahrscheinlich – so vermute ich zumindest – selbst die, die es wissen sollten, nicht ohne Weiteres bewusst. Es handelt sich um das individuelle Gericht, das Partikulargericht, das beim Tode jedes einzelnen Menschen zusammengerufen wird und richtet, nicht über die Lebenden und Toten, sondern nur über die gerade Verstorbene bzw. den gerade Verstorbenen. Aber der Reihe nach. Zuerst war schließlich der da, der alles erschaffen hat, das Universum, die Erde, die Pflanzen, die Tiere und schließlich als Krone seines unstillbaren Schaffensdrangs den Menschen, sein eigenes Ebenbild, das ihm, kaum in der Welt, schon gehörig Ärger bereitet hat. Das ging so weit, dass der Schöpfer seine Geschöpfe aus dem Paradies vertreiben musste. Aber es nutzte nichts. Nur wenig später, als er sah, was aus seinen Ebenbildern geworden war, blieb ihm nichts anderes übrig, als einen kompletten Restart durchzuführen. Er schickte die große Flut und ließ alles, was da kreuchte und fleuchte, einschließlich des Menschen bis auf ein Exemplar von jeder Art, absaufen. Später hat er es dann noch einmal mit Geboten versucht und als vorläufig letztes Mittel seinen Sohn auf die Erde geschickt. Wenn der Schöpfer sich das Ergebnis seines Tuns heute ansehen würde, müsste er eigentlich erneut einen Restart durchführen. Denn alle Strafen, Gesetze,

Verbote und Opfer stellten sich als nutzlos heraus. Die Schöpfungskronen haben nichts, aber auch gar nichts gelernt und bringen sich, wie wir leicht feststellen können, auch heute noch reihenweise gegenseitig um. Aber immerhin, es war ja gut gemeint vom Schöpfer. Die Gesetze waren schließlich als Schutz gedacht, als Schutz der Menschheit vor sich selbst. Und die zu erwartende Höchststrafe war ja auch sehr drakonisch: Ewiges Höllenfeuer und kein Pardon. Es ist allerdings ein wenig kompliziert, denn die Gesetze sind nicht sehr einheitlich formuliert. Offenbar waren sich die Götter, der Gott der Juden, der Gott der Christen, der, wie wir wissen, gleich in dreifacher Ausfertigung als Gott Vater, Gott Sohn, und Gott Heiliger Geist seine Geschöpfe in Schach zu halten versucht und Allah, der Gott der Muslime, nicht ganz einig. Das Erstaunlichste an der ganzen Geschichte ist die Tatsache, dass man quasi fürs Nichtstun, jedenfalls die Christen, göttlich belohnt werden. Halten wir uns beispielhaft die Zehn Gebote vor Augen und versetzen wir uns in die Lage eines christlichen Menschen. Wenn wir also

- keine anderen Götter neben dem Einzigen haben,
- seinen Namen nicht missbrauchen,
- den Feiertag heiligen,
- Vater und Mutter ehren,
- nicht töten,
- nicht ehebrechen,
- nicht stehlen,
- nicht falsches Zeugnis reden wider unseres Nächsten,
- nicht des Nächsten Haus begehren und
- nicht dessen Weib, Knecht, Magd, Vieh noch alles, was er hat,

dann sind wir schon gerettet.

Ich sehe aber ein, ganz so einfach ist es nun auch wieder nicht, nicht nur einen Gott zu haben, seinen Namen nicht zu missbrauchen, den Feiertag zu heiligen, seine Eltern stets zu ehren, nicht zu töten und nicht mitverantwortlich zu sein für die Hungertoten und die sterbenden Kinder dieser Welt, die Ehe nicht zu brechen, nicht zu stehlen, nicht zu lügen, nicht vor Neid zu platzen und nicht scharf zu sein auf die Nächste und des Nächsten Geld. Aber von jedem ein bisschen wird uns ja nicht gerade ins Verderben stürzen, denke ich. Sonst käme ja so gut wie keiner davon. Wahrscheinlich würde uns jeder Gottesdiener eines Besseren belehren und von der Bergpredigt Jesu berichten (siehe zum Beispiel „Bergpredigt – Wikipedia"). Aber so haben sie es uns beigebracht. Es könnte natürlich auch sein, dass sie nicht in der Lage waren, es uns richtig beizubringen oder wir nicht in der Lage, sie richtig zu verstehen. Die Zehn Gebote einhalten, das war wesentlich für ein christliches Leben, ebenso die Beichte, wenn es nicht gelungen war, die Gesetze zu befolgen und Reue zeigen und Buße tun. Eher unwesentlich war es, etwas gegen das Leid der Welt zu tun, in Not Geratenen zu helfen, Mitleid zu üben, Flüchtlinge aufzunehmen, die Umwelt zu schützen, Tiere anständig zu behandeln und Andersgläubige und Andersdenkende und Andershandelnde, solange sie ihren Mitmenschen nicht die Köpfe einschlagen, zu respektieren.

Nun aber zurück zum Gericht. Ich frage mich, was nun eigentlich passiert beim Tod des Menschen, abgesehen davon, dass er dann tot ist. Das sogenannte Partikulargericht, auch persönliches Gericht oder Einzelgericht (partikular für „einen Teilaspekt betreffend") richtet über jeden einzelnen Menschen. Dieses persönliche Gericht richtet über das Schicksal der Seele nach dem Tode. Der Leib des Menschen bleibt außen vor. Im Prinzip haben wir das schon bei den Juden gesehen. Im Partikulargericht werden die guten und bösen Taten eines Menschenlebens gegeneinander aufgewogen. Im Unterschied zum Jüngsten Gericht findet die Hauptverhandlung des Partikulargerichts unmittelbar nach dem Tod jedes Menschen statt und nicht erst in der Nacht ohne Morgen, dem Weltgericht, in dem über alle, die Lebenden und die Toden, gerichtet wird. Ich komme darauf zurück.

Hinweis:

Eine Sache fällt mir dann doch noch auf bei dieser Erzählung. Beim Weltgericht am Ende aller Tage wird gerichtet über die Lebenden und die Toten? Es gibt also noch Lebende? Vielleicht noch einzelne versprengte, die sich der vorhergesagten Hitze der sterbenden Sonne entziehen konnten? Ich kann es mir nicht vorstellen und weiß auch nicht, was uns die Religionslehrer darüber erzählen. Ich lasse es einfach mal offen.

Aber zurück zum Partikulargericht. Beim Partikulargericht handelt es sich um Gottes Urteil ausschließlich über die Seele des Einzelnen, und es ist nicht, wie das Jüngste Gericht, zugleich mit der Auferstehung des Leibes verbunden. Die Bulle – Bezeichnung für Urkunden, die wichtige Rechtsakte des Papstes verkünden – „Benedictus Deus" Papst Benedikts XII. von 1336 über die Gottesschau der Seelen nach dem Tode führt aus, dass die Seelen derer, die in Todsünde gestorben seien, „gleich nach ihrem Tod in die Unterwelt hinabsteigen, wo sie mit den Qualen der Hölle gepeinigt werden". 1336 liegt zwar schon beinahe 700 Jahre zurück. Aber sie kommen von ihren Dogmen nicht los. Die, die sie verteidigen müssen, verschleiern sie gerne durch eine andere Paraphrasierung. So heißt es im Katechismus der katholischen Kirche unter Berufung auf Papst Benedikt XII. und auf die Dokumente des Konzils von Trient: „Jeder Mensch empfängt im Moment des Todes in seiner unsterblichen Seele die ewige Vergeltung. Dies geschieht in einem besonderen Gericht, das sein Leben auf Christus bezieht – entweder durch eine Läuterung hindurch oder indem er unmittelbar in die himmlische Seligkeit eintritt oder indem er sich selbst sogleich für immer verdammt."

Ich fasse einmal mit etwas schlichteren Worten zusammen. Beim Tod des Menschen wird ausschließlich über die Seelen gerichtet. Die Leiber der Toten bleiben erst einmal außen vor und warten wohl da, wo man sie gelassen hat auf den Jüngsten Tag: In einem Sarg, vergraben im Erdreich eines Friedhofs, verbrannt und als Asche in einer Urne oder im Meer verstreut oder gar zerrissen auf einem Schlachtfeld? Die Seelen, die in ihrer mit Leibern vereinten Zeit auf diesem Planeten Gott nicht gefällig waren, kommen sofort in die Hölle, die, die weniger gottgefällig gelebt haben, müssen sich in einer Art Zwischenstation von ihren Sünden läutern (reinigen). Ja und die 100 %ig Gottgefälligen werden unmittelbar ihrem endgültigen himmlischen Glück zugeführt. Ich gehe mal davon aus, dass es niemand unmittelbar in die ewige Glückseligkeit schafft. Ich kann es naturgemäß nicht beweisen. Wenn ich mich allerdings umschaue, fühle ich mich einigermaßen bestätigt. Die Zwischenstation ist nichts anderes als das, was sie uns Kindern noch als Fegefeuer verkauft haben. Ich hole mir die Interpretation aus berufenem Munde (siehe „Fegefeuer – Katherina"): „Das Fegfeuer (lateinisch Purgatorium), auch Reinigungsort oder Läuterungsort genannt, ist ein Zustand oder Läuterungsprozess nach dem irdischen Tod, den diejenigen durchlaufen müssen, die zwar das ewige Heil im Himmel erlangen, aber noch einer Läuterung bedürfen, um in die ewige Seligkeit eintreten zu dürfen. Die Menschen (also die noch Lebenden, um keine Unklarheiten aufkommen zu lassen) können für die ‚Armen Seelen' im Fegefeuer beten. Dadurch kann die Reinigung ‚beschleunigt' bzw. ‚abgekürzt' werden; die ‚Dauer' dieses Zustandes entzieht sich weltzeitlichen Kategorien, genauso wie das Fegefeuer nicht als ‚Ort' im raumzeitlichen Sinne bezeichnet werden kann. Die heutige Theologie und zuletzt Papst Benedikt XVI. in seiner Enzyklika ‚Spe salvi' benutzen den Begriff ‚Fegefeuer' jedoch nur noch im historischen Rückblick; das Gemeinte wird heute in anderer Begrifflichkeit und Metaphorik zum Ausdruck gebracht. Der Papst spricht von einem Moment der schmerzlichen Läuterung des Menschen im Angesicht Christi. Da Gott das ewige Heil der Menschen will, ist die Läuterung notwendig, weil nichts Unreines in den Himmel und in die Gegenwart Gottes gelangen kann (Offb 21,27 EU).

Nach Augustinus (siehe „www.katholisch.de/artikel/16158-das-sind-unsere-kirchenlehrer") erleiden manche Menschen die zeitlichen Sündenstrafen bereits alle im irdischen Leben, manche nach dem Tod, manche im Leben und nach dem Tod; aber alle erleiden sie vor dem Jüngsten Gericht (Civitas Dei / Gottesstaat). ‚Zwischen' dem persönlichen und dem Jüngsten Gericht wird die Seele von allen verbliebenen Folgen der Sünde gereinigt." Ich gebe Augustinus recht: Manche Menschen erleiden schon in ihrem irdischen Leben unermessliches Leid – ohne eigene Schuld und Sünde, was immer Sünde auch ist.

Jedes Kind, dem gegebenenfalls noch das Fegefeuer in Aussicht gestellt wurde, wird sich fragen, wo denn dann die Seele bleibt, wenn sie sich weder im Himmel noch in der Hölle aufhält. Aber es wird noch um einiges komplizierter. Denn es gibt auch die Auffassung, dass selbst die geretteten Seelen bis zur endgültigen Entscheidung am Tag ohne Morgen nicht in den Himmel dürfen und sich deshalb irgendwo aufhalten müssen. Es ist klar, auch diese Frage mussten sie den Menschen halbwegs plausibel erklären. So haben sich frühe Kirchenväter Gedanken gemacht, notgedrungen. Sie sind zu dem Schluss gekommen, dass die geretteten Seelen die Zeit zwischen dem Tod und der Auferstehung an ei-

nem schönen Ort verbringen, wo sie ihrer Verherrlichung entgegenfie-
bern können. Das lässt sich nachvollziehen. Und es fällt mir tatsächlich
wie Schuppen von den Augen. Wir wissen schließlich, glauben jedenfalls zu wissen, dass das Universum ein Multiversum ist und eine unvor-
stellbar große Größe hat. Und dort wird ja wohl noch Platz sein für ein
paar arme Seelen. Möglicherweise ist ja eines der vielen Universen das
Armeseelenuniversum? Das wäre im Übrigen auch ein wissenschaftli-
ches Denkmodell für die Hölle: Ein spezielles Universum des Multiversums, das Universum ohne Gott, das höllische Universum oder auch
Höllenuniversum, kurz Hölle? Und der Himmel wäre dann das schönste
unter den vielen (☺)?

Der berühmte Kirchenlehrer Thomas von Aquin, von dem schon die
Rede war, begründet das Partikulargericht in seiner Summa theologica
so: Jeder Mensch sei sowohl Einzelperson als auch Teil des ganzen
Menschengeschlechtes. Das ist zwar ziemlich trivial, aber die Folgerung
daraus in jedem Falle noch erstaunlicher als die Voraussetzung trivial:
Es gebühre ihm nämlich deshalb auch ein doppeltes Gericht. Das Einzelgericht werde nach dem Tod über ihn gesprochen, „aber nicht für den
Leib, sondern nur für die Seele". Das zweite Gericht müsse „stattfinden
über ihn als Teil des ganzen Menschengeschlechtes". Die Strafe werde
im letzten Gericht vervollständigt, „denn nach ihm werden die Gottlosen
an Leib und Seele zugleich gepeinigt". Auch in diesem Fall gilt, dass
einige Jahrhunderte vergangen sind, seit der Kirchenlehrer diese Ideen
verkündet hat. Mein Eindruck ist, dass sie unbedingt einer Revision bedürfen. Denn das wird kaum noch ein Mensch mehr glauben, nicht mehr
glauben wollen und auch nicht mehr glauben können. Auf diese Art und
Weise gewinnen die Gottesversteher keine einzige neue und halbwegs
aufgeklärte Seele. Und die „aufgeklärten Seelen" nehmen an Zahl zu.
Das ist so sicher wie das Amen in der Kirche. Die Gottesversteher be-
finden sich notgedrungen auf einem permanenten Rückzug. Bedauerlich
(für sie), dass sie es offenbar nicht begreifen wollen. Ich kann mir vorstellen, dass erwachsene, halbwegs aufgeklärte Menschen, die zum ersten Mal mit diesen oder vergleichbaren Vorstellungen konfrontiert werden, abwinken und das Ganze für ausgemachten Humbug halten. Ich
kann das nachvollziehen. Ich kann aber auch nachvollziehen, dass derartige Überlegungen in modernen Gesellschaften kaum noch eine Rolle

spielen. Und dennoch, diese und vergleichbare Vorstellungen werden immer noch und schon sehr früh in die jungen und noch formbaren „Köpfe" unserer Kinder eingebrannt. Seit jeher nehmen dabei die unmittelbare soziale Umgebung und die Religionen einen sehr frühen und prägenden Einfluss. Sie gravieren ihr Bild der Welt gewissermaßen ein in die jungen Köpfe und es gibt für diese kaum ein Entrinnen. Der Einzelne ist häufig nicht geneigt, mit den überlieferten Traditionen zu brechen und vielfach auch nicht gewillt, sich mit den damit zusammenhängenden Themen überhaupt auseinanderzusetzen. Wenn allerdings alles nicht so gemeint sein sollte, wenn es sich nur um Bilder handelt, um das Unbegreifliche zu beschreiben, dann sollten sie das auch so sagen, die Gottesdiener. Dann würde man ihnen möglicherweise größeres Vertrauen und größeren Respekt entgegenbringen können. Ich komme zurück auf die Nacht ohne Morgen, auf das Endgericht. Ohne göttliche Gesetze und ohne göttliche Gerichtsbarkeit sieht es tatsächlich ziemlich düster aus für unsere Welt: Jeder kann machen, was er will, solange er nicht mit den irdischen Regeln und Gesetzen in Konflikt gerät. Die Gottlosen hindert kein göttliches Auge daran, rücksichtslos zu sein, ohne Rücksicht auf die Umwelt, ohne Rücksicht auf die Mitmenschen, weder auf die nächsten noch auf die weniger nächsten, ohne Rücksicht auf die Tierwelt. Dummerweise werden die gottlosen Zeitgenossen recht behalten. Es gibt nämlich neben den irdischen kein göttliches Strafgericht und für jeden von uns nur ein Leben. Es ist niemand da, der uns zur Rechenschaft ziehen wird für unsere Rücksichtslosigkeit. Unser Gericht ist ausschließlich unser eigenes Gewissen, und das ist bei der Art Homo sapiens in der Regel relativ schwach ausgeprägt. Dies lässt sich an unzähligen Beispielen und Vorfällen nachweisen.

Und nun noch, wie versprochen, Erzählungen über die Vorstellungen des Islam (siehe zum Beispiel Informationsplattform Religion: Tod, Gericht und Paradies im Islam – REMID – Religionswissenschaftlicher Medien- und Informationsdienst e. V.). Die Vorstellung von einem Gottesgericht ist im Islam vergleichbar mit dem des Christentums. Auch nach islamischem Glauben wird beim Tod des Menschen die Seele von seinem Leib getrennt. Der Körper ist die äußere Form, die das Leben auf der Erde erst ermöglicht. Damit sie auf der Erde den Plan des Schöpfers erfüllen können, hat er ihnen eine materielle und körperliche Form verpasst. Diese stirbt nach einer gewissen Zeit und verwest. Die Seele hingegen ist unsterblich. Ich halte einen Moment inne und frage mich erneut (siehe auch im Kapitel „Über die Seele"), ob sie möglicherweise auch vergangenheitsewig ist? Es könnte doch durchaus sein, denke ich, dass die Seelen aller Menschen, die jemals auf der Erde gelebt haben und noch leben werden, vom Allmächtigen auf einen Schlag geschaffen wurden und bei der Menschengeburt oder auch 40 Tage danach oder wie viele Tage auch immer, dem Menschenkind eingehaucht werden. Bis dahin schwirren sie möglicherweise materielos mit Lichtgeschwindigkeit – das ist Physik – umher. Ich sehe ein, meine Phantasie ist gerade mit mir durchgegangen. Ich komme also zurück zum Thema. In der Stunde des Menschentodes erscheint nach islamischer Vorstellung der Todesengel Izra'il und trennt die Seele vom Körper. Ich denke, das ist ein kleiner Unterschied zu der Christenseele. Diese trennt sich nämlich selbständig vom Leib, während die islamische getrennt wird. Wenn ich das nur mal wieder richtig verstanden habe! Der Todesengel führt die Seele dann zu einem Zwischengericht im Himmel. Wenn der Mensch ein Gott gefälliges Leben geführt hat, wird ihm mitgeteilt, dass ihm alle seine Sünden vergeben sind. Hat die Lebensweise des Menschen vor Gott keinen Bestand, wird die Seele beim versuchten Eintritt in den Himmel zurückgewiesen und zum Versammlungsort der Verdammten gebracht. Nach dem Zwischengericht wird die Seele in den Körper des Verstorbenen zurück gebracht. Es folgt eine Befragung im Grab: (1) „Wer ist dein Gott?", (2) Wer ist dein Prophet?", (3) „Was ist deine Religion?", (4) „Wohin zeigt deine Gebetsrichtung?". Kann der Verstorbene die Fragen richtig - im Sinne des islamischen Glaubens - beantworten, wird ihm von zwei anderen Engeln mit Namen Mubashar („Frohe Botschaft") und Bashir („Verkünder froher Botschaft") die nun folgende Zeit erleichtert. Sie verheißen ihm auch schon mal das spätere Leben im Paradies. Kann der Verstorbene die Fragen jedoch nicht richtig beantworten, muss er bereits im Grab Qualen erleiden, die ihm von den Engeln Munkar („Das Verwerfliche") und Nakir („Das Negative") zugefügt werden. Nach dieser Befragung folgt eine Wartezeit. Sie dauert bis zur Auferstehung am Tag des Jüngsten Gerichts. Ich kann es mir nicht verkneifen und kann wieder einmal nicht wollen, was ich will. Welcher Depp kann denn diese vier Fragen nicht richtig beantworten? Lohnt es sich vielleicht sogar, zum Islam zu konvertieren, um gerettet zu werden? Die Seelen erleben die Wartezeit zwischen der Befragung im Grab und der Auferstehung wie in einem schlafähnlichen Zustand. In der Rückschau wird sie jedoch als äußerst kurze Zeit wahrgenommen. Dies klingt fast wie die Zeitdilatation der speziellen Relativitätstheorie (☺). Die Auferstehung beschließt den Kreislauf des Lebens. Gott hat den Menschen erschaffen und ihm das Leben auf der Erde geschenkt, und nach dem Tod wird er ihm aus einem Rest des verstorbenen Körpers einen neuen Körper machen und die Seele wieder mit diesem Körper vereinigen. Ähnlich der christlichen Vorstellung ist die Auferstehung der Toten Teil eines endzeitlichen Dramas mit einem Gericht über die Menschen. Allah als Schöpfer wird dann Richter aller Menschen sein. Gute und schlechte Taten werden auf einer Waagschale gegeneinander aufgewogen, zum Beweis der Verfehlungen treten Zeugen auf. Dabei wird Jesus als Ankläger gegen Juden und Christen erscheinen; Mohammed kann sowohl Ankläger als auch Verteidiger des Menschen sein. Letztlich aber ist es Allahs alleinige Entscheidung, welches Urteil gefällt wird. Dabei hoffen viele Muslime auf die Barmherzigkeit Allahs, denn in sein Belieben ist die Vergebung der Sünden gestellt. Nach diesem Gericht nimmt ein Engel die Gläubigen und führt sie über eine schmale Brücke. Unter dieser Brücke, die laut Überlieferung schmaler als ein Haar und schärfer als ein Schwert sein soll, lodert das Höllenfeuer. Wer das Gericht nicht bestanden hat, stürzt hinunter, die vor Gott Gerechten jedoch gehen unbeschadet weiter und treten ins Paradies sein, wo Gottes Richterspruch endgültig besiegelt wird. Die Hölle ist ein Ort unvorstellbarer Qualen, die im Koran und in den Schriften der Überlieferung ausführlich beschrieben werden. Ungläubige müssen dort ewig verbleiben. Muslime, die auf Grund ihrer Verfehlungen verurteilt wurden, dürfen jedoch darauf hoffen, nach einer gewissen Zeit doch noch ins Paradies zu kommen. Ich habe zugegebenermaßen ziemliche Probleme mit der Logik des ganzen Geschehens. Aber sei´s drum, ich will nicht päpstlicher sein als der Papst. Übrigens, das Paradies ist nach islamischem Glauben und dem Koran folgend ein Ort der Sinnenfreuden, der Leichtigkeit und des Friedens. An dieser Stelle bietet sich die Gelegenheit, auf die viel zitierten 72 Jungfrauen einzugehen. Diese ziemlich verrückte Geschichte gründet auf einem Text des Korans, in dem das sinnliche Paradies beschrieben wird. Danach sollen Männer im Paradies mit Jungfrauen verheiratet werden, die „groß gewachsene", „schwellende" oder „wie Pfirsich geformte" Brüste haben. Im Gegenzug bekommen Frauen nur einen Mann, „und sie werden mit ihm zufrieden sein". Rein mathematisch gesehen entsteht da ja wohl schon ein kleines Problem. Aber sei´s drum, im Paradies wird nicht gerechnet, im Paradies wird leicht gelebt! Im Übrigen, von Frauen mit großen und schwellenden Pfirsichbrüsten hat wahrscheinlich jeder Pubertierende schon einmal geträumt. 144 Pfirsichbrüste, was für eine Sause! Ich kehre zurück zum Ernst der Lage. Die Religionslehrer bemühen sich in vergleichbaren Fällen gerne, derartige Phantasiegeschichten gleichnishaft zu interpretieren. Insofern könnten 72 Jungfrauen tatsächlich für die ewige Glückseligkeit stehen, für die ewige Glückseligkeit des Mannes versteht sich. Dass sich Frauen mit einem einzigen Mann zufrieden geben müssen, na gut, Frauen hatten, bis auf Ausnahmen, schon immer etwas schlechtere Karten in dieser Welt. Warum nicht auch in der jenseitigen. Wenn sie Pech haben, müssen sie sogar mit einem einzigen Alten Vorlieb nehmen, denn dem stehen, solange er gottgefällig gelebt hat auf diesem Planeten, ja schließlich auch 72 Jungfrauen zu. Ja, und was ist überhaupt mit den Frauen, die ihre Jungfräulichkeit verloren haben im Laufe ihres irdischen Daseins. Na gut, möglicherweise ist mir etwas durch die Lappen gegangen, vielleicht werden sie, wenn ihre Seele intakt war, und sie ihren neuen Körper bekommen, ja wieder zugenäht, gewissermaßen nicht verdammt, sondern erlöst und zugenäht. Kurzum, ich komme extrem ins Schleudern. Mir dreht sich der Kopf und ich gebe mich dem süßen Schwindel großer und schwellender Pfirsichbrüste und unzähliger williger Jungfrauen hin. In seinem Buch „Der islamische Faschismus" fragt sich Hamed Abdel-Samad (* 1972, ägyptisch-deutscher Politikwissenschaftler und Publizist), wie denn das islamische Paradies aussieht und was es mit den 72 Jungfrauen auf sich hat: „Die huris, wie die Paradiesjungfrauen genannt werden, beschreibt der Koran als ‚wohlverwahrte Perlen'. In den Hadithen, also den außerkoranischen Mitteilungen des Propheten, gibt es mehrere Erwähnungen des Märtyrer-Lohnes in Höhe von 72 Jungfrauen. Jede Jungfrau hat ihrerseits siebzig schöne Dienerinnen, die ebenfalls dem Märtyrer zur Verfügung stehen. So gesehen bekommt ein Mudschahid, also jemand, der sich um die Verbreitung oder Verteidigung des Islam bemüht hat, insgesamt 5.040 Frauen als Belohnung dafür, dass er im Kampf gegen die Ungläubigen gefallen ist." Islamischen Kommentatoren ging bei der Beschreibung der Jungfrauen und des damit einhergehenden paradiesischen Genusses auch schon mal der Gaul durch. Bei dem mittelalterlichen Theologen a-Suyuti (* 1445; † 1505) liest sich das beispielsweise so: „Jedes Mal wenn wir mit einer huri schlafen, verwandelt sie sich danach wieder in eine Jungfrau. Der Penis eines Muslims wird nie erschlaffen. Die Erektion hält ewig, und der Genuss bei der Vereinigung ist unendlich süß und nicht von dieser Welt … Jeder Auserwählte wird siebzig huris haben neben seinen Frauen, die er auf der Erde hatte. Alle werden eine köstlich verlockende Vagina besitzen". Okay, das waren die mittelalterlichen Erkenntnisse des a-Suyuti. Eigentlich sollte es damit heute vorbei sein. Und doch beschäftigen sich mit derartigen Fragen hochrangige religiöse Experten, zum Beispiel auch Experten der ehrwürdigen staatlichen al-Azhar Universität für islamische Wissenschaften. Sie wandten sich gegen die Interpretation der ewigen Erektion: „Ja", sagten sie, „Männer im Paradies haben Erektionen, eher aber hinausgezögerte, verlängerte, nicht jedoch immerwährende." Ich lasse es dabei und kann eigentlich nur staunen ob dieser Vorstellungen vom Paradies und im Übrigen nicht nur ob dieser Vorstellungen, nein, ob der Vorstellung von der Existenz des Paradieses überhaupt, wie immer es auch aussehen soll. Der eigentliche Lohn für die gottgefällig gemeisterten Anstrengungen des Erdenlebens sind dann doch nicht die 72 Jungfrauen und ihre 70 Dienerinnen, sondern die Nähe zu Gott. Für Muslime ist der Tod Teil eines Heilsplans, der bereits mit der Schöpfung angelegt ist. Als solches ist er nur ein Übergang und Teil des Weges zu Gott. Wenn diese beiden letzten Sätze von einem katholischen Gottesdiener verlesen würden, an Allerseelen beispielsweise, und es statt für die Muslime für die Christen heißen würde, dann würde es den Gläubigen wahrscheinlich nicht einmal auffallen, dass ihr Gott grundsätzlich genau so denkt wie Allah, einmal abgesehen von den Jungfrauen mit den schwellenden Pfirsichbrüsten und den ewig erigierten Gliedern derer, die zu Lebzeiten für ihren Gott und gegen die Ungläubigen gekämpft haben. Ich weiß, die Katholischen halten (offiziell) nicht so viel von schwellenden Pfirsichbrüsten und ewig erigierten Gliedern. Ich bin deshalb geneigt, alleine schon der Pfirsichbrüste und der ewigen

Erektion wegen zu konvertieren, also Jesus hin, Allah her? Ich denke nicht, dass es sich bei diesem Wunsch um Blasphemie handelt. Ich würde schließlich nur wechseln von einem Gott zum andern. In der Bundesrepublik Deutschland ist die Beschimpfung von religiösen und weltanschaulichen Bekenntnissen, Religionsgemeinschaften oder Weltanschauungsvereinigungen nach § 166 StGB („Gotteslästerungsparagraph") dann strafbar, wenn sie geeignet ist, den öffentlichen Frieden zu stören (www.gesetze-im-internet.de/bundesrecht/stgb). 2006 noch wurde vom damaligen bayerischen Ministerpräsidenten und CSU-Vorsitzenden Edmund Stoiber eine Initiative zur Verschärfung der Strafen für Gotteslästerung angekündigt. Es ist wohl nicht dazu gekommen zu der bayerischen Gotteslästerungsverschärfung. Zum Glück! Möglicherweise hätten sie mich dann doch noch verknackt, obgleich ich ohne Schuld bin.

Wie ist das nun mit Himmel und Hölle?

Bevor ich mich etwas eingehender mit Himmel, Hölle und Fegefeuer beschäftige, fasse ich kurz zusammen, was wir über die Gottesgerichte gelernt haben. Zur Erinnerung: Am Ende eines Lebens richtet das sogenannte Partikulargericht über jeden einzelnen Menschen, allerdings nur über dessen Seele. Die Leiber der Verstorbenen bleiben erst einmal außen vor. Für die Seele des Verstorbenen gibt es genau drei mögliche Ausgänge aus dem ganzen Dilemma: Ewige Verdammnis, also Hölle, ewige Nähe zu Gott, also Himmel und Zeit zur Reinigung im Purgatorium, der Zwischenstation, in der die Seele die Chance bekommt, sich von allen aus dem Erdenleben noch anhaftenden „Unsauberkeiten" zu reinigen. Okay, das ist die Vorstellung der katholischen Christen. Das Purgatorium kennen weder Juden noch Moslems, aber auch die evangelische Christenfraktion lehnt es ab. Aber insgesamt ist es so, dass der Tag ohne Morgen die Leiber auferstehen lässt, sie mit ihren Seelen wiederverbindet und dann über die Lebenden und die Toten gerichtet wird. Dass es mit der Verortung des Himmels und der Hölle etwas schwierig ist, lässt sich an einer Hand abzählen. Möglicherweise sollte man es ja auch nicht so genau nehmen. Dennoch sehe sich eine Menge Komplikationen. Aber der Reihe nach. Wenn das mit der Auferstehung der Leiber nicht so wäre, wie es erzählt wird, könnte man sich das Ganze ja auch als Seelenzustände vorstellen: Fern von Gott, bei Gott und Seele im Reinigungszustand. Da die Seele etwas rein Geistiges ist, würde sich damit eine Verortung von Hölle, Himmel und Fegefeuer gewissermaßen erübrigen. In zeitlicher Hinsicht sehe ich allerdings ein, wenn vielleicht auch ein kleineres, Problem, zumindest ergibt sich eine Frage: Falls die Seele geläutert ist, wird sie dann automatisch in den Zustand „bei Gott" katapultiert? Oder kann der Reinigungsprozess auch bis zum Endgericht dauern? Wahrscheinlich ja, denn die Seele, so habe ich es verstanden, kann selbst nichts für ihre Reinigung tun. Ausschließlich noch Lebende können für die „armen" Seelen beten und ihre Reinigungszeit verkürzen. Falls aber keiner da ist, der betet, was ist dann? Ich hoffe, ich habe es richtig verstanden, ein Abrutschen in die Hölle ist jedenfalls nicht möglich? Jetzt passieren aber dummerweise am Jüngsten Tag die Auferstehung der Leiber und die Wiedervereinigung der Seelen mit den Leibern. Und damit wird es, jedenfalls aus meiner Sicht, ziemlich kompliziert. Leiber sind schließlich etwas Physikalisches mit Länge, Breite und Höhe und die müssen ja dann irgendwo hin. Ich beginne mal mit der Hölle. Solange mein Postulat vom Höllenuniversum wissenschaftlich nicht unterstützt wird, muss ich notgedrungen davon ausgehen, dass die Hölle auf der Erde ausgemacht werden muss. Auf einem Planeten des Sonnensystems könnte man sie sich zwar auch vorstellen, aber lassen wir mal die Kirche im Dorf und bleiben auf der Erde! Um den Höllenort zu orten, habe ich folgende Fakten zur Verfügung: In der Hölle sollte es so heiß sein, dass die Sünder und Sünderinnen Höllenqualen erleiden, aber nicht gleich verdampfen. Sie sollen ja schließlich ewig leiden und nicht einfach so umkommen. Dummerweise ergibt sich aus der Forderung nach dem ewigen Höllenfeuer schon ein sehr ernstes Problem. In 600 bis 1.200 Millionen Jahren wird sich nach einhelliger Meinung der Wissenschaft die Sonne soweit aufgebläht haben, dass Leben auf unserem Planeten nicht mehr möglich sein wird, auch kein Höllenleben. Mit den ewigen Höllenqualen wird es also so nichts. Was die Religionslehrer dazu sagen, weiß ich leider nicht und habe es auch nicht herausfinden können. Unabhängig von diesem durchaus sehr ernsten Problem und meines Erachtens nicht gelösten Problems gäbe es durchaus eine Möglichkeit, die Hölle auf der Erde zu verorten. Von den Geologen wissen wir nämlich, dass es 2.000 m unter der Erdoberfläche etwa 60 °C warm sein soll, also die richtige Temperatur für unser Höllenmodell. Die Oberfläche, die uns in dieser Tiefe für den Aufbau der Hölle zur Verfügung steht, lässt sich leicht berechnen. Wenn man dann noch jedem Höllenbewohner eine Grundfläche von 10 m^2 zugesteht, hätten etwa 51.000 Milliarden Platz in dieser Modellhölle. Das ist zwar pro Bewohner ziemlich wenig, wenn man bedenkt, dass es für die Ewigkeit gelten soll, aber es ist ja auch die Hölle. Aber weiter: Bis heute lebten geschätzt etwa 108 Milliarden Menschen auf der Erde und pro Jahr kommen etwa 153 Millionen dazu – okay, das ist ein wenig zu viel, aber es passt besser zu meiner Rechnung. Und dass es dabei bleibt, ist schließlich auch nicht ganz sicher. Aber ich möchte ja auch nur zeigen, dass es irgendwie und irgendwann doch zu eng werden muss in der Hölle auf Erden. Ich möchte wissen, wann es so weit ist, wann also die Hölle voll sein wird. Ich nehme noch an, dass mindestens 50 % der Erdenbewohner in der Hölle landen, wohl wissend, dass das sehr optimistisch ist. Aber sei´s drum, hier ist das Ergebnis: In 666 tausend Jahren ist es so weit. Die Hölle ist voll. 666 ist seit jeher die Zahl des Satans. Wenn das kein Zeichen ist!

Hinweis:

Sechshundertsechsundsechzig (666) ist eine **biblische** Zahl, die in der heute geläufigen Bedeutung erstmals in der **Offenbarung des Johannes** vorkommt. Im Rahmen des **Okkultismus** und der **Zahlenmystik** wird ihr eine besondere Bedeutung zugeschrieben. Sie wird auch als Zahl des Antichristen bezeichnet.

Ob es im Himmel mehr Platz geben wird? Es ist tatsächlich etwas komplizierter mit dem Himmel, denn die Temperatur über der Erdoberfläche nimmt zunächst einmal ab und zwar um 6 °C pro km bis in eine Höhe von etwa 15 km. Andererseits weiß man nicht so genau, bei welcher Temperatur die Erlösten noch genug Luft bekommen, um Hosianna singen zu können. Es wird also noch komplizierter als mit der Hölle. Aber nicht nur ich habe so meine Schwierigkeiten mit Himmel und Hölle, auch die Religionslehrer haben ihre Probleme. Unter „Gott sei Dank gibt es die Hölle! - katholisch.de" (laut Impressum Internetportal der katholischen Kirche in Deutschland) lesen wir zum Beispiel: „Gott sei Dank gibt es die Hölle! Die Hölle ist aus der Mode gekommen. So richtig fürchtet sich kaum einer vor den letzten Dingen, vor Fegefeuer, Gericht und Hölle – dabei wäre die Vorstellung einer Welt ohne Hölle selbst die Hölle". Und auch noch eine kurze Erklärung dazu: „Ein Gott aber, der den Menschen in den Himmel zwingt, der dem Menschen keine Wahl lässt, weil die Hölle nicht existiert, ein Gott also, der die Freiheit seiner Geschöpfe am Ende doch nicht achtet – ein solcher Gott lehrt einen das Fürchten. Nicht die Hölle sollte Angst machen, sondern der Gedanke, dass es eine solche nicht gibt. Die Konsequenz wären handlungsunfähige Menschen, nur Puppen im Kasperletheater Gottes – eines zweifelhaften Gottes angesichts der Kriege und des Terrors, denn nicht mehr Menschen wären dafür verantwortlich, sondern ganz allein Gott. Erst die Möglichkeit der Entscheidung beinhaltet die Option, auch das Böse zu wählen. Gott sei Dank gibt es die Hölle!" Das muss ich mir tatsächlich merken: „Gott sei Dank gibt es die Hölle!". Diese abstrusen Sätze muss ich und will ich nicht unbedingt verstehen. Aber immerhin, ich gewinne durch diese Diskussion eine neue Vorstellung von unserer Welt, gewissermaßen eine neue Weltanschauung:

Die Welt ist ein Kasperletheater. Gott und der Teufel mit ein paar Gehilfen auf jeder Seite sind die Puppenspieler und ziehen die Fäden. Die Trumps, die Putins und Xi-Jinpings und noch ein paar andere Despoten sind die Hauptfiguren und auf der anderen Seite bischöfliche Karikaturen vom Schlage Woelki und Franz-Peter Tebartz-van Elst, bescheidener Bischof von Limburg. Und die Massen irren umher, durchsetzt von Verschwörungstheoretikern, Hasspredigern und ein paar wenigen, die verzweifelt versuchen, das Bild vom guten Menschen aufrecht zu erhalten. Einige kommen bei diesem Marathonirrlauf besser weg als andere. Und einige hätten wahrscheinlich lieber darauf verzichtet, in diesem Kasperletheater auftreten zu müssen.

Diese Theorie vom Kasperletheater soll erst einmal jemand falsifizieren! Hawking würde sie möglicherweise eine effektive Theorie nennen. Mit ihr lässt sich schließlich einiges erklären. Siehe auch im Kapitel „Existiert der Allmächtige?"

Ich kehre noch einmal zur Hölle zurück. Aus dem Katechismus der Katholischen Kirche habe ich: „In Todsünde sterben, ohne diese bereut zu haben und ohne die barmherzige Liebe Gottes anzunehmen, bedeutet, durch eigenen freien Entschluss für immer von ihm getrennt zu bleiben. Diesen Zustand der endgültigen Selbstausschließung aus der Gemeinschaft mit Gott und den Seligen nennt man ‚Hölle'." Danach ist die Hölle also kein Ort der Verdammnis, sondern ein Zustand der Verdammnis.

Einige katholische Theologen versuchten eine theologische Vermittlung zwischen Allerlösungstheorie und definitivem Höllendogma: Demnach gibt es zwar die Hölle als „reale Möglichkeit" (Karl Rahner), aber sie könnte „am Ende leer" sein, denn niemals wurde die ewige Verdammnis eines bestimmten Menschen verbindlich gelehrt. Ich kann nicht wollen, was ich will. Ich sage nur Prost Mahlzeit! Nach Hans Küng ist die Hölle kein bestimmter Ort und keine bestimmte Zeit, sondern gemeint sei der Moment der Begegnung eines sterbenden Menschen mit Gott. In diesem

Moment begegne der unfertige und unvollkommene Mensch dem heiligen, unendlichen, liebevollen Gott. Diese Begegnung sei zutiefst beschämend, schmerzhaft und deswegen reinigend. In der derzeitigen theologischen Hauptrichtung wird auch gegen die Angstdrohung einer Strafe oder der Verdammnis Position bezogen, weil sie nicht mit Aussagen der Bibel oder mit den Eigenschaften Gottes wie Liebe, Barmherzigkeit und Gerechtigkeit vereinbar sei. Nach dieser Anschauung verkünde das Neue Testament statt wie auch immer geartete Höllenqualen die frohe Botschaft der Versöhnung aller oder zumindest der meisten Menschen mit Gott. Andere Theologen wiederum meinen, es sei nicht vertretbar, die Existenz einer Hölle zu leugnen. Sie müsse ebenso gelehrt werden wie die Möglichkeit des Menschen, durch Hinwendung zu Jesus Christus gerettet zu werden. So ist auch die Aussage von Papst Benedikt XVI. einzuordnen, dass Jesus Christus gekommen sei, um uns zu sagen, dass er uns alle im Paradies haben wolle. Die Hölle, von der man in unserer Zeit so wenig spräche, existiere und sei ewig für jene, die ihre Augen vor Jesu Liebe verschlössen. Neben der Höllenlehre haben schon seit Beginn des Christentums theologische Denkschulen – ja, man nennt sie tatsächlich Denkschulen – weitere Theorien über das Verhältnis zwischen den Menschen und ihrem Gott ersonnen. Zum Beispiel die Theorie der Allaussöhnung – Gott führt alle Menschen zu sich – und die des Annihilationismus – Ungläubige werden vernichtet. Dies waren zusammengefasst ein paar „Auswürfe" unserer theologischen Denkschulen.

Ich fasse zusammen: Das Weltbild vom Kasperletheater gefällt mir so gut, dass ich mich wiederholen muss: Die Welt ist ein Kasperletheater. Gott und der Teufel mit ein paar Gehilfen auf jeder Seite sind die Puppenspieler und ziehen die Fäden. Die Trumps, die Putins und Xi-Jinpings und noch ein paar andere Despoten sind die Hauptfiguren und auf der anderen Seite bischöfliche Karikaturen vom Schlage Woelki und Franz-Peter Tebartz-van Elst. Und die Massen irren umher, durchsetzt von Verschwörungstheoretikern, Hasspredigern und ein paar wenigen, die verzweifelt versuchen, das Bild vom guten Menschen aufrecht zu erhalten. Einige kommen bei diesem Marathonirrlauf besser weg als andere. Und einige hätten wahrscheinlich lieber darauf verzichtet, in diesem Kasperletheater auftreten zu müssen.

Und: Nicht einmal die Religionslehrer sind sich einig. Es ist deshalb auch außerordentlich schwierig, dem familiären Nachwuchs die „richtige" Sicht über Himmel, Hölle und Fegefeuer nahe zu bringen, wenn man es denn möchte. Und die Alten, die nichts anderes gehört haben, werden auf ihrem Himmel, ihrer Hölle und ihrem Fegefeuer bestehen wollen. Es ist also alles wieder einmal sehr kompliziert. Und was macht man in solchen Fällen? Man nimmt Ockhams Rasiermesser und wählt die simpelste und einfachste Erklärung. Und die lautet: Es gibt weder Himmel noch Hölle noch Fegfeuer. So einfach ist die Welt!

Dennoch ein paar wenige Gedanken aus berufenem Munde (Benedikt Glöcke, Existiert Gott? - Newsportal - Ruhr-Universität Bochum (rub.de): „Allerdings können wir uns aus philosophischer und theologischer Perspektive zum einen fragen, was genau mit einem Leben nach dem Tod gemeint sein soll: Wird es ein Leben mit einem neuen Körper sein? Wird es ein Leben als immaterielle Seele in der Gegenwart Gottes sein? Werden wir immer noch einen freien Willen im Himmel haben? Können wir im Himmel traurig sein?"

Dies sind zwar nur ein paar wenige Fragen, die sich auf ein Leben nach dem Tod beziehen. Was in allen Fällen gelten sollte, darüber ist man sich aus philosophischer und theologischer Perspektive ja hoffentlich einig: Im Himmel muss es gerecht zugehen. Und dennoch gibt es Fragen über Fragen. Aber wie muss man sich das mit den gegebenenfalls neuen Körpern der Himmelsbewohner vorstellen? Besitzen sie ein Alter? Wenn ja, welches? Und sind die Körper alle gleich ansehnlich? Gibt es im Himmel noch unterschiedliche Geschlechter? Gibt es im Himmel noch Sex? Wenn ja, werden im Himmel noch Kinder gezeugt und geboren? Und was ist mit den Schwulen und Lesben und sonstigen Geschlechtern? Kommen sie überhaupt in den Himmel? Müssen die neuen Körper auch schlafen oder können sie ewig wach sein. Und wie ist ein normaler Tagesablauf eines Himmelsbewohners. Gibt es das Gefühl der Langeweile? Sind die Himmelsbewohner permanent glücklich (wohl ja, denn sie können nicht traurig sein)? Gibt es noch Wettbewerb unter den Himmelsbewohnern, möglicherweise Streit um den Platz an der Seite Gottes?

Ich komme noch einmal auf die rhetorische Frage von Benedikt Glöcke zurück (siehe oben): „Werden wir immer noch einen freien Willen im Himmel haben?" Werden wir natürlich nicht, Herr Glöcke. Falls die Bewohner des Himmels noch einen freien Willen hätten, könnten sie Gutes und Böses tun. Im Himmel kann aber nichts Böses geschehen. Also haben wir im Himmel keinen freien Willen mehr. Das wäre also schon mal geklärt. Das hätte Dr. Benedikt Glöcke ja auch erkennen können. Dazu braucht es weder ein philosophisches noch ein theologisches Studium. Aber wie sieht nun das Leben im Himmel aus? Stellen wir uns also eine Gemeinschaft in der Nähe Gottes vor. Ich skizziere deren Zustand mit ein paar wenigen Beispielen:

o Sie haben sich alle furchtbar lieb.
o Sie können nur Gutes tun.
o Sie haben also keinen freien Willen, denn Böses tun können sie im Himmel nicht.
o Sie sind alle gleich vor Gott.
o Sie sind damit notwendigerweise überhaupt gleich. Nach der Logik, die uns der Allmächtige mit gegeben hat, gilt nämlich: Sind A und B vor Gott gleich, dann sind A und B gleich. Wäre A nämlich nicht gleich B, dann wäre A auch vor Gott ungleich B. Wäre das nicht so, gäbe es eine göttliche Logik, die von der unseren abweicht; das ist natürlich auch eine Möglichkeit.
o Es gibt Männer und Frauen unter den Seelen, notwendigerweise auch diverse; oder sie werden am Jüngsten Tag umgewandelt. Keine gute Aussicht für diese Unterart.
o Sexuelle Beziehungen sind nicht möglich. Gäbe es sexuelle Beziehungen, dürften sie nicht der Reproduktion dienen. Der produzierte Nachwuchs würde bei ewiger Existenz notwendigerweise irgendwann den Himmel sprengen, wie groß auch immer dieser sein mag.
o Es gibt keinen Wettbewerb und keine Konkurrenz.
o Es muss allerdings befürchtet werden, dass „Eva" aus Langeweile erneut den „Adam" verführt und das ganze Elend von vorne beginnt.

Wie sich der Mensch Gott vorstellt

Xenophanes von Kolophon (* um 580/570 v. Chr.; † im frühen 5. Jahrhundert v. Chr.) war ein griechischer Philosoph und Dichter. Nach Xenophanes schufen nicht die Götter die Menschen, sondern die Menschen die Götter. Von ihm stammt: „Wenn die Pferde Götter hätten, sähen sie wie Pferde aus". Ich halte diese Feststellung zumindest nicht von vorne herein für falsch. Ich sage aber: Wenn Schafe Götter hätten, sähen sie wie Schafe aus. Die Umwidmung vom Pferd aufs Schaf habe ich mir erlaubt, weil Schafe über kleinere Köpfe verfügen und gemeinhin als weniger intelligent eingestuft werden als Pferde. Soll im übertragenen Sinne heißen, dass die Götter der Schafe noch dümmer sind als die der Pferde. Ich füge hinzu: Menschen sind, einige jedenfalls, manchmal noch weniger intelligent als Schafe. Lange Zeit sahen ja die Götter der Menschen auch so aus wie die Menschen. Jedenfalls hat man ihnen das so verkauft. „Dass Götter stets nur in Menschengestalt kommen, hat noch keinen Gläubigen nachdenklich gemacht", sagt Karlheinz Deschner. Dass das heute nicht mehr funktionieren kann, liegt auf der Hand. Man musste zu ungleich subtileren Erklärungen übergehen. Aber dazu sind schließlich unsere Religionslehrer auch da. Manche, die in ihren Überlegungen noch nicht so weit fortgeschritten sind, halten die Götter immer noch für „erhöhte" Menschen. Ich kann mal wieder nicht wollen, was ich will: Noch unmenschlicher als der Mensch kann wahrscheinlich nicht einmal ein Gott sein. Die „Richterskala" der Unmenschlichkeit des Menschen ist zwar noch nicht hinreichend erforscht bzw. festgelegt, aber augenscheinlich die höchste Stufe auch noch nicht erreicht.

Ich wollte herausbekommen, wie viele Menschen weltweit daran glauben, dass ein Gott existiert und die Welt erschaffen hat. Es ist mir nicht gelungen. Was ich herausgefunden habe, war das: Nach einer Umfrage des Instituts für Demoskopie unter Kirchenmitgliedern (Frankfurter Allgemeine vom 22.12.2021) gaben 23 Prozent der befragten Katholiken und 12 Prozent der Protestanten an, sie seien gläubiges Kirchenmitglied. Das hatte ich allerdings schon immer geahnt, dass eingetragene

Katholiken und Protestanten nicht notwendig auch gläubig sind. Aber das ist eine andere Geschichte. Von gläubigen Kirchenmitgliedern nehme ich an, dass sie glauben, dass Gott die Welt erschaffen hat. Das geht alleine schon aus dem Glaubensbekenntnis der Christen hervor. Nun wird es auch außerhalb der großen Konfessionen noch ein paar Gläubige geben. Und möglicherweise ja auch noch nicht-religiöse Menschen, die die Erschaffung der Welt einem Gott ähnlichen Geist zuschreiben. Weltweit, das sagt eine etwas ältere Gallup-Studie aus 2015: „ Zwei Drittel der Weltbevölkerung sind gläubig | Panorama (fr.de)". Danach bezeichnen sich 63 % der Menschen selbst als gläubig. Ob dazu auch die Menschen zählen, die „glauben" dass es keinen Gott gibt? Die sind ja schließlich auch gläubig (☺)!

Seit jeher sollen es sogenannte Gottesbeweise an den Tag bringen, dass erstens Gott existiert und dass zweitens die Welt von ihm erschaffen wurde. Im nächsten Kapitel beschäftige ich mich mit einigen dieser Beweise. Hier geht es um das, was der Mensch im Allgemeinen von einem Gott erwartet und welche Eigenschaften dieser haben sollte. Dabei differenziere ich zwischen den nicht persönlichen, also den Eigenschaften eines unpersönlichen Gottes und den persönlichen Eigenschaften, quasi dessen „Charaktereigenschaften", die sein Verhältnis zu seinen nach seinem Ebenbilde erschaffenen Geschöpfen, uns Menschen also und allen Kreaturen auf dieser Erde und gegebenenfalls auf dieser Welt bzw. allen Welten, widerspiegeln. Ich komme noch einmal auf den Theologen Dr. Benedict Glöcke zurück. Unter „Existiert Gott? - Newsportal - Ruhr-Universität Bochum (rub.de)", äußert Göcke sich wie folgt: „Aus Sicht der Philosophie und Theologie besteht heute wie vor 100 Jahren Konsens darüber, dass Gott, wenn er existiert, ein perfektes und anbetungswürdiges Wesen ist, das die Welt aus dem Nichts erschaffen hat". Und weiter: „Was sich im Laufe der Zeit geändert hat und wohl weiter ändern wird, sind die Antworten auf die Frage, was denn eigentlich ein perfektes und anbetungswürdiges Wesen sein soll: Ist ein perfektes Wesen zeitlos oder existiert es für eine unendliche lange Zeit? Kennt ein perfektes Wesen die Zukunft oder kann es sie nicht kennen, weil die Zukunft noch nicht existiert? Kann ein perfektes Wesen die Naturgesetze durchbrechen oder ist es an sie gebunden? Kann es ein anbetungswürdiges Wesen geben, obwohl doch so viel Leid in der von ihm geschaffenen Welt existiert? Was spricht überhaupt dafür, dass ein perfektes Wesen existiert? Je nachdem, welche Antworten hier formuliert werden, ändert sich auch unsere Konzeption Gottes. In der gegenwärtigen philosophisch-theologischen Debatte gibt es daher eine ganze Bandbreite verschiedener Theorien darüber, wie wir Menschen innerhalb unserer Möglichkeiten adäquat von Gott sprechen können".

Hinweis:

An dieser Stelle kann ich mir einen Hinweis nicht verkneifen. Wir, der Mensch, insbesondere die Philosophen und Theologen konzipieren also Gott. Laut „konzipieren: Bedeutung, Definition, Synonym - Wortbedeutung.info" sind Synonyme für konzipieren unter anderen entwerfen, entwickeln, erfinden, ersinnen. Die Philosophen und Theologen erfinden also Gott? Das habe ich schon immer geahnt. Gott ist eine Erfindung des Menschen und nicht der Mensch eine Erfindung Gottes. Xenophanes von Kolophon aus dem 5. vorchristlichen Jahrhundert lässt grüßen.

Göcke hat leider meinen Plan ein wenig über den Haufen geworfen, über die „unpersönlichen" und „persönlichen" Eigenschaften Gottes zu sprechen. Denn „perfekt" und „anbetungswürdig" hatte ich so nicht in meinem Portfolio. Aber Göcke gibt wenigstens ein paar Stichworte, was Perfektion bedeuten kann. Ich kürze es ab und verlange:
- o Omnipotenz (allmächtig),
- o Omniszienz (allwissend),
- o Omnipräsenz (allgegenwärtig) und
- o Transzendenz (nicht von dieser Welt).

Hinweis:

Die von Göcke gestellten Fragen, ob ein perfektes Wesen zeitlos oder für eine unendliche lange Zeit existiert (Unterschied?), die Zukunft kennt und die Naturgesetzte durchbrechen kann, beantworte ich mit eindeutig mit ja. Sämtliche anderen „Konstruktionen" halte ich für imperfekt. Die Eigenschaft anbetungswürdig schreibe ich den persönlichen Eigenschaften eines Gottes zu, die ich weiter unten bespreche.

Die obigen Eigenschaften, die ich als die unpersönlichen Eigenschaften eines Gottes bezeichnet habe, werden wahrscheinlich die meisten Menschen als Eigenschaften eines göttlichen Wesens akzeptieren, jedenfalls beim ersten Hinsehen. Es sind die Eigenschaften, die man gewöhnlich einem Schöpfer und Lenker der Welt zuschreibt, wenn auch schon die beiden erst genannten manchen Denker zum Widerspruch gereizt haben. Die Allwissenheit Gottes ist nämlich eine logische Konsequenz seiner Allmacht. Gerhard Streminger, ein österreichischer, zeitgenössischer Philosoph und Mathematiker (* 1952) begründet das so: „Die Eigenschaft der Allwissenheit dürfte bereits im Begriff der Allmacht enthalten sein, denn ein Wesen, dem es an Wissen fehlt, fehlt es auch an Macht". Ein allmächtiges Wesen ist demnach also auch allwissend. Andererseits gibt es die Auffassung, dass Allwissenheit und Allmacht einander ausschließen. Richard Dawkins, britischer Evolutionsbiologe und ebenfalls ein Zeitgenosse (* 1941) führt aus, es sei „der Aufmerksamkeit der Logiker nicht entgangen, dass Allwissenheit und Allmacht unvereinbar sind. Wenn Gott allwissend ist, muss er bereits wissen, wie er mit seiner Allmacht eingreifen und den Lauf der Geschichte verändern wird. Das bedeutet aber, dass er es sich mit dem Eingriff nicht mehr anders überlegen kann. Dann ist er aber nicht allmächtig." Ich denke, dass sich die Herren unnötigerweise Gedanken gemacht haben. Es ist meines Erachtens nämlich völlig irrelevant, ob nun die Allmacht die Allwissenheit impliziert oder es sich um widersprüchliche Eigenschaften handelt. Aus dem einfachen Grund, weil es vom Menschen gedachte, aus dieser Welt stammende, Begriffe sind. Man kann völlig abstrakt und wahrscheinlich stundenlang trefflich über deren Bedeutung und über ihre Stellung zueinander diskutieren, ohne in der Sache auch nur einen Schritt weiterzukommen.

Ich komme nun zu den Eigenschaften des persönlichen Gottes, gewissermaßen zu seinen „Charaktereigenschaften". Nach der Menschen Vorstellung ist Gott unter anderem, aber mindestens

- o gerecht,
- o barmherzig,
- o gütig,
- o gnädig,
- o zuverlässig,
- o vertrauenswürdig,
- o heilig,

o   wahrhaftig und (damit in Gottes und Göckes Namen auch)
o   anbetungswürdig.

Ich darf vorausschicken, dass gottesgläubige Menschen, die diese Eigenschaften von ihrem Gott erwarten, nicht ohne die erste Kategorie der Eigenschaften, also die nichtpersönlichen, auskommen. Ein gerechter, barmherziger, gütiger, gnädiger, zuverlässiger, vertrauenswürdiger, heiliger, wahrhaftiger und anbetungswürdiger Gott ist nicht des Glaubens würdig, also nicht glaubwürdig, wenn er nicht mindestens auch allmächtig und allwissend ist. Soll heißen, der Glaube an einen persönlichen Gott mit den oben genannten Eigenschaften führt notwendigerweise zum Glauben an den allmächtigen und allwissenden Gott. Der allmächtige und allwissende Gott muss aber nicht notwendig ein persönlicher sein. Es gibt zwei Eigenschaften des christlichen Gottes – er ist immerhin der Gott, der mir anerzogen wurde –, mit denen ich mich in aller Kürze gesondert auseinandersetzen möchte. Dies sind die Eigenschaft der Dreieinigkeit Gottes und die seiner Unergründlichkeit. Die Dreieinigkeit haben die Glaubenslehrer sogar zum Dogma erhoben. Das liest sich dann so: „Die Trinität ist eine. Wir bekennen nicht drei Götter, sondern einen einzigen Gott in drei Personen: die ‚wesensgleiche Dreifaltigkeit' (2. K. v. Konstantinopel 553)" oder auch „Die göttlichen Personen teilen die einzige Gottheit nicht untereinander, sondern jede von ihnen ist voll und ganz Gott: Der Vater ist dasselbe wie der Sohn, der Sohn dasselbe wie der Vater, der Vater und der Sohn dasselbe wie der Heilige Geist, nämlich von Natur ein Gott (11. Syn. v. Toledo 675)". Ich erlaube mir dazu eine Anmerkung. Diese dogmatisierte Dreieinigkeit Gottes halte ich für die abstruseste der Eigenschaften des christlichen Gottes, die sich die „Religionslehrer" jemals haben einfallen lassen. Ich will einräumen, dass es durchaus möglich ist, dass ich sie bis heute nicht verstanden habe. Oder auch meine Religionslehrer bis heute nicht in der Lage waren, sie mir halbwegs überzeugend zu erklären. Und das Schlimme ist, sie kommen niemals los davon, selbst dann nicht, wenn sie es wollten. Es handelt sich nämlich um einen unumstößlichen Glaubenssatz, um ein Dogma eben, eine von den Menschen erfundene Einrichtung, quasi um ein anthropogen-theologisches Naturgesetz. Obgleich an der Unumstößlichkeit meines Erachtens inzwischen gezweifelt werden darf. Und zwar seit den Januartagen des Jahres 2022, in denen bekannt wurde, dass der ehemalige Stellvertreter Gottes Papst Benedikt XVI., der es vorzeitig aufgegeben hatte, Gottes Stellvertreter sein zu wollen, nachweislich gelogen hat. Das aber nur nebenbei. Auch die Unergründlichkeit Gottes ist belegt: „Gott ist unergründlich, das heißt, er ist unerforschlich und unserem Verständnis bleibt er unfassbar (Jesaja 40, 28; Psalm 145, 3; Römer 11, 33-34)". Es ist klar, mit dieser ersonnenen Eigenschaft Gottes lässt sich jedes redliche intellektuelle Argument erschlagen.

Möglicherweise beruhigender ohne Gott, also gottlos zu leben, ist es, an einen persönlichen Gott zu glauben, den man ansprechen kann, zu dem man beten und den man um etwas bitten kann. An einen allmächtigen, gütigen, gnädigen, liebenden, verzeihenden, gerechten und barmherzigen Gott, der von Anfang an die Absicht hatte, die Erde, das Leben auf der Erde und schließlich uns Menschen nach seinem Ebenbilde zu erschaffen. Ich frage mich allerdings, wie ein allmächtiger und allgütiger Gott gleichzeitig so grausam sein und zulassen kann, dass die nach seinem Ebenbild erschaffene Spezies so gequält und geschunden wird, wie sie in ihrer Geschichte schon geschunden worden ist und höchstwahrscheinlich noch weiterhin geschunden werden wird, durch Ihresgleichen, durch Naturkatastrophen, Kriege, Kriege nicht zuletzt in seinem Namen und Krankheiten. Ich weiß, dass unsere Religionsführer für die damit einhergehende Untätigkeit ihres gütigen Gottes Antworten parat haben. Die Frage, warum der gütige und allmächtige Gott das Leid in der Welt zulässt, ist aber keineswegs nur die bescheidene Frage eines zweifelnden Zeitgenossen. Nein, sie ist die Frage unzähliger Generationen von Philosophen und Religionslehrern und beinahe so alt wie die Menschheit selbst. Und sie ist bis heute nicht beantwortet. Sie wird auch niemals übereinstimmend und schon gar nicht überzeugend beantwortet werden können. Theodizee nennen sie es. Der Begriff wurde von dem deutschen Philosophen und Mathematiker Gottfried Wilhelm Leibniz (* 1646; † 1716) geprägt und setzt sich zusammen aus „theos" (griechisch Gott) und „dike" (griechisch Gerechtigkeit). Gemeint sind die Antwortversuche auf die Frage, wie das Leiden in der Welt zu erklären sei vor dem Hintergrund, dass Gott einerseits allmächtig und andererseits allgütig ist. Der Begriff Theodizee geht zwar auf Leibnitz zurück, die Fragestellung selbst existierte aber schon in der Antike. Ich möchte nur auf wenige

Antwortversuche und Lösungsansätze eingehen und das zugestandenermaßen ziemlich oberflächlich. Sie erscheinen mir durchweg sehr kompliziert, um nicht zu sagen verworren. Das Problem der Theodizee lässt sich als Widerspruch aus einer Reihe von zunächst für richtig befundenen Aussagen formulieren:

o   Gott existiert.
o   Gott ist allmächtig.
o   Gott ist allgütig.
o   Das Leid der Welt existiert.

Diese Aussagen können aber unmöglich alle richtig sein. Sie führen nämlich zu einem Widerspruch, wenn man davon ausgeht, dass die Allmacht Gott in die Lage versetzt, das Leid der Welt zu verhindern und seine Allgütigkeit das Leid der Welt nicht zulässt. Zu lösen ist dieser Konflikt durch die Zurücknahme oder Abschwächung mindestens einer der Aussagen. Man könnte zum Beispiel einen anderen Gott „konzipieren"(?). Die letzte Aussage in der obigen Liste steht wohl außer Frage. Das kannst du Jahr für Jahr, Tag für Tag, Stunde für Stunde, eigentlich ständig, erfahren. Um dem Argument vorzubeugen, Gott habe dem Menschen zugestanden, sich auch gegen ihn zu entscheiden: Unendliches Leid erfährt der Mensch auch ohne Zutun seiner Mitmenschen. Die einfachste und nach Ockhams Sparsamkeitsprinzip zugleich klarste und schnörkelloseste Lösung des Problems wäre die Verneinung der Existenz Gottes. Aber unsere Religionslehrer und Philosophen haben im Laufe der Jahrhunderte eine Vielzahl von Lösungsmöglichkeiten erfunden. Ich gehe nur auf zwei dieser Lösungen ein. Auf die erste, weil ich sie ungeheuerlich finde, auf die zweite, weil einer ihrer Anhänger Martin Luther war. Der erste Lösungsversuch, von dem die Rede sein soll, ist die Irenäische Theodizee. Sie ist benannt nach dem Kirchenvater Irenäus (* um 135; † um 200, Kirchenvater und Bischof in heutigen Lyon/Frankreich). Die Kernaussage lautet, dass Übel und Leiden für ein spirituelles Wachstum des Menschen notwendig seien. Diese Idee wurde von dem Theologen und Religionsphilosophen John Hick verbreitet. John Hick war Brite, ist am 20. Januar 1922 geboren und am 9. Februar 2012 gestorben. Er war also ein Zeitgenosse. Ich frage mich, wer eigentlich spirituell wachsen soll, wenn unschuldigen Kindern Leid zugefügt wird, ob durch Menschen, Naturkatastrophen, Krankheiten oder Unfälle. Ich frage mich außerdem, wie ein höchstwahrscheinlich gebildeter, zumindest gut ausgebildeter, Mitbewohner dieses Planeten in dieser Zeit diese Idee verbreiten kann. Ich halte sie nicht nur für ziemlich schwachsinnig, sondern auch für ausgesprochen widerlich. Eine zweite wundersame Lösung des Problems ist die von Martin Luther unterstützte. Sie lässt sich überschreiben mit „Gottes Ziel ist die Umgestaltung des Menschen". Martin Luther: „Sonst lernten wir denn nimmermehr, was Glaube, Wort, Geist, Gnade, Sünde, Tod oder Teufel wäre, wo es immer in Frieden und ohne Anfechtung zugehen sollte". Es braucht also eine Portion Unfrieden, dass der Mensch zur Vernunft kommt. Er muss gepeinigt und geschunden werden, damit er auf den rechten Weg findet. „Was für ein Gott!" rufe ich angesichts dieser nicht minder ekelhaften Theorie aus. Martin Luther mag man aufgrund seiner frühen Geburt diese Ansicht nachsehen. Heute bleibt der aufgeklärte Mensch dazu aufgefordert, diesen Gedankenspielen ein jähes Ende zu bereiten. Ein Gott, wenn es ihn denn gibt, der dieses Universum erschaffen hat, wenn er es denn erschaffen hat, will den Menschen umgestalten und schickt ihm deshalb allerlei Grauen und Leid. Was für ein Gott! Und warum hat er den Menschen nicht von vornherein so gestaltet? Das frage ich mich mit meinem offensichtlich philosophisch- theologisch unterentwickelten Denkvermögen. Es gibt auch Theologen, die das Problem für unlösbar halten. Nach Karl Barth, den wir schon als Ganztodtheoretiker kennengelernt haben, gibt es keine Lösung des Theodizee-Problems: „Wir sind nicht berechtigt, Gott anzuklagen. Wir können nur dialektisch vom Paradoxon reden". Diese Antwort überzeugt mit Sicherheit jeden gradlinig denkenden Menschen, der eine Antwort auf eine extrem simple Frage erwartet. Ähnlich wie Barth äußern sich zeitgenössische Theologen wie zum Beispiel Alfred Buß, der bis 2012 Präses der evangelischen Kirche von Westfalen war: „Ehrliche Theologie gesteht ein, dass es auf die Frage nach dem Sinn des Leidens keine Antwort gibt. Wer sie trotzdem versucht, setzt nur Irrlichter auf". Ich frage mich, wie er die Irrlichter verstanden wissen will. Irrlichter, die an seinem Gott zweifeln lassen oder sogar in einer Verneinung der Existenz Gottes münden? Ich habe nicht weiter recherchiert. Ich denke nur, er würde sich theologisch herausreden aus diesem Dilemma. Wenn ich richtig informiert bin, dann ist die römisch-katholische Kirche ziemlich weit von einer vergleichbaren Aussage entfernt, obwohl ich nicht weiß, wie sie sich eigentlich herausredet. Ich verzichte auch in diesem Falle auf eine weiter gehende Recherche, zitiere aber lediglich aus dem Katechismus: „Der Glaube gibt uns die Gewissheit, dass Gott das Böse nicht zuließe, wenn er nicht auf Wegen, die wir erst im ewigen Leben vollständig erkennen werden, sogar aus dem Bösen Gutes hervorgehen ließe." Prost, Mahlzeit! Genau da haben wir sie, die Unergründlichkeit Gottes. Zusammengefasst scheint das alles extrem verworren. Und ich frage mich erneut, wer solche abstrusen Ideen in die Welt setzte und immer noch setzt und vor allem, warum solche abstrusen Ideen in die Welt gesetzt wurden und immer noch gesetzt werden. Jeglicher Glaube an einen persönlichen Gott unterstellt, dass es eine Macht gibt, die sich allen Ernstes mit einer Spezies beschäftigt, die nach allem, was wir wissen, vergänglich ist und eines Tages von dieser Welt verschwunden sein wird, wie schon viele der vor ihr lebenden Kreaturen von diesem Planeten verschwunden sind. Den müsste der Schöpfergott angesichts seiner Bedeutungslosigkeit im Verhältnis zur Größe und zur zeitlichen Dimension des Universums eigentlich schon vergessen haben. Unser Planet umrundet einen relativ gewöhnlichen Stern, einen von einigen 100 Milliarden am Rande einer von einigen 100 Milliarden Galaxien. Was den Menschen dazu bewegen kann, sich bei dieser kosmischen Konstellation als die Krone der Schöpfung, nach dem Ebenbild Gottes erschaffen und von ihm betreut und umsorgt zu fühlen, von ihm Erlösung zu erwarten von den Unbilden dieser Welt, das ist, bei Verstand betrachtet, absolut nicht nachvollziehbar. Warum ist der Mensch nicht einfach, nicht mehr und nicht weniger, als das aus einem Einzeller hervorgegangene Lebewesen, das im derzeitigen kosmischen „Augenblick" an der vorläufigen Spitze der Evolution stehend, über die größte Einzelintelligenz auf diesem Globus verfügt. Und einen Planeten bevölkert, inzwischen, oder zumindest bald, übervölkert, der – ich weiß, ich wiederhole mich – im Vergleich zur Größe des Universums und im Angesicht der Abläufe in diesem Universum extrem unbedeutend sein muss. Man kann sich bei der Frage nach der Existenz Gottes auch auf die Seite von Immanuel Kant schlagen, obgleich ich dies nicht für eine gute Lösung halte. Er vertrat die Auffassung, dass der Gottesglaube moralisch notwendig sei. Das Ideal eines höchsten Wesens sei nichts anderes als ein regulatives Prinzip der Vernunft und nicht notwendig existent, so Kant. Gott ist danach eine von der intellektuellen Kaste für notwendig gehaltene und gedachte moralische Instanz, die helfen soll, den ungebildeten Massen den rechten Weg zu zeigen und zu moralischem Handeln zu bewegen, wenn nicht sogar zu zwingen? Oder zumindest zu erpressen mit der Aussicht auf ewige Verdammnis? Kants Zeitgenosse, unser berühmter Dichterfürst Johann Wolfgang von Goethe, hatte eine vergleichbar elitäre Einstellung: „Wer Wissenschaft und Kunst besitzt,/ Hat auch Religion; /Wer jene beiden nicht besitzt,/ Der habe Religion". Es war ihm also bewusst, dem Dichterfürst, dass die, die noch nicht aufgeklärt waren, auf den Arm genommen wurden. Und sie werden heute immer noch auf den Arm genommen, von der herrschenden Klasse und von ihren Religions- und Glaubenslehrern. Es kann nämlich unmöglich wahr sein, dass mancher „Gottesmann" es ernst meint, mit dem, was er verkündet. Man könnte auch auf Nummer sicher gehen wie der napoleonische Offizier, der auf dem Schlachtfest ausrief (nicht nachgewiesen und nicht unbedingt wörtlich): „Oh Gott, falls es dich gibt, sei meiner Seele gnädig, falls ich eine habe". Oder man folgt der Empfehlung der französischen Mathematikers Blaise Pascals (* 1623; † 1662). Er kam zu dem Ergebnis, dass es vernünftiger sei, an Gott zu glauben als nicht an Gott zu glauben. Zu diesem Ergebnis kam er mithilfe der Kombinatorik. Glaubt man nämlich an Gott und Gott existiert, dann ist alles gut. Glaubt man an Gott und Gott existiert nicht, ist das auch kein Problem. Glaubt man nicht an Gott und Gott existiert nicht, ist auch das kein Problem. Das einzige Problem ergibt sich, wenn man nicht an Gott glaubt, er aber tatsächlich existiert. Dann bekommt man es, wie wir gesehen haben, mit der Hölle zu tun. Neben logischen Argumenten gegen bestimmte Gottesvorstellungen, wie der Widerspruch zwischen Omnipotenz und Omnisziens, das Allmachtsparadoxon, das den Allmächtigen einen Stein erschaffen lässt, den er selbst nicht tragen kann und das Theodizeeproblem, könnte der aufgeklärte Mensch auch auf die Idee kommen, dass sich kein Gott um ihn kümmert, weil sich genauso das Universum verhält. Ockham lässt wieder einmal grüßen!

Existiert der Allmächtige?

Nach dem kurzen Exkurs über die Eigenschaften eines gegebenenfalls existierenden Gottes, stelle ich die Frage nach der Existenz dieses geistigen Wesens und beschäftige mich mit den sogenannten Gottesbeweisen. Ich schicke voraus: Aus meiner Sicht ist es anmaßend, die Existenz eines Wesens, das nicht von dieser Welt ist, mit Mitteln aus dieser Welt beweisen zu wollen. Andererseits ist es allerdings auch extrem töricht, dass der Mensch sich anschickt, die Existenz eines Wesens beweisen zu wollen, das er selbst erfunden hat. Aber so weit sind wir noch nicht. Also wieder einmal der Reihe nach. Bereits in der griechischen Philosophie finden sich Bestrebungen, die Existenz Gottes bzw. der Götter beweisen zu wollen. Am bekanntesten sind allerdings die Beweise des Thomas von Aquin. Seine bzw. die Gottesbeweise seiner Zeit waren jedoch nie daraufhin angelegt, die Existenz Gottes streng mathematisch beweisen zu wollen. Für die in dieser Zeit mehrheitlich gläubigen Menschen war die Existenz Gottes so und so keine Frage. Die sogenannten Beweise waren eher als eine Hilfe für Zweifler gedacht und als rationale Unterstützung des Gottesglaubens im Zuge der aufkommenden Aufklärung. Thomas von Aquin nennt seine Gottesbeweise auch nicht Gottesbeweise, sondern Wege zu Gott, möglicherweise vorsichtshalber, weil er wusste, dass es keine Beweise sein konnten? Seine quinque viae ad deum, auf Deutsch, fünf Wege zu Gott, sind gleichermaßen aufgebaut. Sie bestehen aus einer ersten Prämisse, die einen Sachverhalt beschreibt, der empirisch grundsätzlich nachweisbar ist und einer zweiten Prämisse, die einer metaphysischen Annahme entspricht, die empirisch zwar nicht nachweisbar, aber zumindest nicht unlogisch und für nicht allzu kritische Geister durchaus nachvollziehbar ist. Aus beiden Prämissen folgt dann jeweils der Schluss, dass Gott existiert. Einer der wohl bekanntesten Beweise des Thomas von Aquin ist der kosmologische, auch Kausalitätsbeweis – ex ratione causae efficientis. Er geht davon aus, dass alles, was in dieser Welt existiert, auf eine Ursache zurückzuführen ist. Das ist die erste Prämisse, die empirisch grundsätzlich nachweisbar ist. Die zweite Prämisse besteht in der Annahme, dass man die Reihe der Ursachen nicht unendlich weit fortsetzen kann – regressus in infinitum – und es deshalb eine erste Ursache – prima causa – geben müsse. Die erste, unverursachte Ursache – prima causa incausata – ist Gott. Ich komme auf den Gottesbeweis des Kirchenvaters im nächsten Kapitel noch einmal zurück.

Zunächst aber zu einem weiteren Beweis und zwar zu dem ontologischen Beweis des Anselm von Canterbury (* um 1033; † 1109), Theologe, Erzbischof und Philosoph. Sein Beweis der Existenz Gottes geht davon aus, dass der Mensch sich etwas ausdenken kann, was durch nichts übertroffen wird. Wenn es das höchste und vollkommenste Wesen ist, das er sich ausdenkt, dann gibt es etwas noch höheres und Vollkommeneres, nämlich, wenn dieses Wesen nicht nur als Möglichkeit gedacht wird, sondern wenn es wirklich existiert. Eine ziemlich abenteuerliche Konstruktion. Aus einem von der Spezies Mensch als Bewohner des Planeten Erde Gedachten auf die Existenz des Gedachten zu schließen, das halte ich in der Tat für sehr abenteuerlich. Möglicherweise passten diese geistigen Verrenkungen ja noch in die Zeit des Erzbischofs. Heute sollte man sich damit eigentlich nicht mehr auseinandersetzen müssen. Maximal vielleicht Studenten der Philosophie und Theologie. Ich gehe dennoch auf die Argumentation des Anselm von Canterbury ein:

Er wendet sich mit seinem Beweis ausdrücklich an Gottesgläubige, die die Inhalte ihres Glaubens verstehen wollen. Ein solcher Glaube hat eine Vorstellung von Gott als einem Wesen, „über das hinaus kein größeres gedacht werden kann".

Also, noch einmal ganz langsam:

Gott ist ein Wesen, über das hinaus kein größeres gedacht werden kann.

Dies ist eine Definition, dessen, was unter einem Gott verstanden wird und sicher von vielen Menschen geteilt werden kann.

Die Behauptung lautet nun: Gott existiert real und nicht nur gedacht.

Anselms Beweis ist ein Widerspruchsbeweis, wie die Mathematiker sagen. Es wird das Gegenteil der Behauptung angenommen und daraus ein Widerspruch hergeleitet. Die Behauptung muss deshalb, zumindest nach den Gesetzen der menschlichen Logik richtig sein. Also los geht´s mit unseren eigenen Worten:

Annahme des Gegenteils: Gott existiert nur in der Vorstellung und nicht real.

Nun kann man sich aber vorstellen, dass etwas, was im Verstand existiert auch in der Wirklichkeit existiert. Aber dann wäre das, was allein im Verstand existiert weniger mächtig als das, was tatsächlich existiert. Damit existiert Gott real im Widerspruch zur Annahme.

So, jetzt wischen wir uns erst einmal den Schweiß von der Stirn. Ich versuche, ein wenig Ordnung in die Geschichte zu bringen. Ich komme zu dem Schluss, dass an der Beweisführung nichts zu rütteln ist. Allerdings kommt mir die Prämisse dann doch ziemlich abenteuerlich vor. Wie lautet sie noch?

Gott ist ein Wesen, über das hinaus kein größeres gedacht werden kann.

Es fällt auf, dass mit den Eigenschaften des göttlichen Wesens („über das kein größeres gedacht werden kann") argumentiert wird, dessen Existenz erst noch bewiesen werden soll. Jedenfalls ist das eine Kritik an der Beweisführung. Nicht zu vergessen, auch der Teufel existiert. Wieso? Der Teufel ist das Wesen, über dem oder besser unter dem kein schlechteres gedacht werden kann. Mit Hilfe von Anselm kannst du jetzt ganz einfach die Existenz des Teufels beweisen. Aus der Vorstellungswelt eines Bewohners des in Relation zum Weltall winzigen Planeten auf die Existenz eines transzendenten Wesens schließen zu wollen, ist, mit Verlaub, jedenfalls aus meiner Sicht, ziemlicher Unfug. Möglicherweise ist meine Kritik nicht 100 %ig schlüssig. Der Beweis ist allerdings auch aus berufeneren Federn kritisiert worden und es ist mehr als erstaunlich, wie viele berühmte Geister, Logiker und Mathematiker sich schon mit dem Thema der Gottesbeweise und im Besonderen mit dem des Anselm von Canterbury auseinandergesetzt haben. Unter „de.wikipedia.org/wiki/Gottesbeweis" findest du die verschiedenen Beweisansätze geordnet und die entsprechenden Kritikpunkte dazu. Ich möchte mich nur noch mit einem weiteren ganz kurz beschäftigen. Es handelt sich quasi um den modernsten der Gottesbeweise. Es ist der Gottesbeweis des Kurt Gödel. Gewissermaßen nach dem Motto „Dann kam Kurt" in Anlehnung an Frank Zanders „Jetzt kommt Kurt". Der

österreichische und später US-amerikanische Mathematiker und Philosoph Kurt Friedrich Gödel (* 1906; † 1978) war einer der bedeutendsten Logiker des 20. Jahrhunderts. Er entwickelte 1970 eine Rekonstruktion des ontologischen Gottesbeweises in der Sprache der sogenannten Modallogik (was immer das ist, siehe beispielsweise „de.wikipedia.org/wiki/Modallogik"). Der Beweis beruht, das noch ergänzend, auf drei Definitionen und fünf widerspruchsfreien Axiomen. Die formale Korrektheit der Beweisführung wurde sogar computergestützt bestätigt. Von den Definitionen und Axiomen wollten in der Folge viele nichts mehr wissen, wahrscheinlich, weil sie, wie ich, das Ganze nicht verstanden haben. In der Presse (siehe beispielsweise „www.welt.de/wissenschaft/article120995923/Forscher-beweisen-Existenz-Gottes-am-Computer.html") las sich das seinerzeit so: „Forscher beweisen Existenz Gottes am Computer"
Von Norbert Lossau
Chefkorrespondent Wissenschaft

Mein Kommentar: „Wenn es um Schlagzeilen geht, sei ohne Scham!"

Ich mache weiter mit dem zugegebenermaßen emotionalen Thema und bemühe mich um Sachlichkeit. Die Beweislast für die Existenz eines Gottes liegt ohne Zweifel bei denen, die seine Existenz behaupten. Zumindest halte ich diese Position für legitim. Ich denke, die Annahme der Nichtexistenz Gottes ist zunächst die intellektuell redlichere Ausgangsposition. Es gibt schließlich keine erfahrbaren Hinweise auf seine Existenz, bis auf die, die sich in unseren Gehirnen breitgemacht haben. In naturwissenschaftlichen, vornehmlich kosmologischen Abhandlungen, wird die Rolle Gottes häufig auf die des Schöpfers reduziert. Gott wird dabei insbesondere nicht als ein persönlicher Gott gesehen. Ich spiele die Möglichkeiten durch. Es ist trivialerweise nicht zu erwarten, dass ich die Frage nach der Existenz eines Schöpfers erschöpfend beantworten kann. Immerhin haben sich schon zahlreiche und berühmte Denker mit dieser Frage beschäftigt und keine Antwort gefunden, zumindest, wie ich denke, keine überzeugende. Ich nähere mich der Frage nach der Existenz Gottes aus der kosmologischen Perspektive und schließe mich der mehrheitlich vorgetragenen wissenschaftlichen Sicht an, dass unser Universum, also das Universum, in dem wir leben, einen Anfang hatte. Dieser Anfang wurde verursacht durch Gesetze der Natur. Das Universum entstand quasi aus dem Nichts – ex nihilo –, den Naturgesetzen folgend, zum Beispiel aus Quantenfluktuationen eines skalaren Energiefeldes. Zumindest ist das eine der Entstehungstheorien für unsere Welt. Wenn man annimmt, dass Gott die Naturgesetze erschaffen hat, die der Entstehung des Universums zugrunde liegen, kann man, den Gedankengang des US-amerikanischen Astronomen Carl Sagan (* 1934; † 1996) aufgreifen und die Frage nach der Herkunft bzw. der Ursache Gottes stellen. Man ist damit allerdings keinen Schritt weiter gekommen. Man kann die Argumentationskette also genauso gut abkürzen und die Frage nach der Herkunft der Naturgesetze stellen. Und sie damit beantworten, dass die Naturgesetze schon immer da waren bzw. sind. Ich halte fest. Es ist denkbar, ich denke, dass die Naturgesetze schon immer existieren und wirksam sind – was auch immer „immer" heißt – und das Universum bzw. das Multiversum aus diesen entstanden ist. Was vor dem Start unseres Universums war, werden wir, so wie es aussieht, niemals erfahren können. Unsere Raumzeit ist mit unserem Universum entstanden mit allen naturwissenschaftlichen Gesetzen, die wir kennen und möglicherweise noch nicht kennen. Die Existenz des Multiversums beweisen wir an dieser Stelle in Analogie zu Anselms Gottesbeweis (vereinfachend, nicht so kompliziert wie Gödel):

Also:

Definition des Multiversums: das Multiversum ist das Universum, in dem sämtliche denkbaren Naturgesetze, die ein Einzeluniversum ausmachen können, in einem der teilhabenden Universen realisiert sind und über das hinaus kein größeres gedacht werden kann,.

Behauptung: Das Multiversum existiert real, nicht nur in der Vorstellung.

Beweis:

Annahme: Das Multiversum existiert nur in der Vorstellung.

Wir denken uns das Universum als real existierend. Dieses ist mit Sicherheit noch gewaltiger als das nur gedachte.

Schlussfolgerung: Das Multiversum existiert (q.e.d.), q.e.d. für quod erat demonstrandum, was zu beweisen war, wie die Lateiner sagen und die

Mathematiker, wenn sie endlich etwas bewiesen haben. Ich sage m.d.h. (m.d.h. für „mit einem dreifach donnernden Helau", wie die Fastnachter sagen).

Da man sich über die genauen Abläufe der Entstehung des Universums noch nicht im Klaren ist, gehe ich bis zum Nachweis des Gegenteils davon aus, dass die Naturgesetzte, die dem Universum oder, wenn es denn existieren sollte, dem Multiversum zugrunde liegen, schon immer existent sind und immer existent sein werden. Es ist aus meiner Sicht die einfachste und schnörkelloseste Erklärung. Wissenschaftlich ist diese meine Annahme von mir leider nicht begründbar. Etwas genauer nehme ich an, dass die Naturgesetze, auf denen letztlich die Existenz aller am Multiversum teilhabenden Universen wie auch das, in dem wir leben, basiert, schon immer existent sind und immer existent sein werden. Sie sind in dem Sinne vergangenheitsewig, dass es keinen vergangenen Zeitpunkt gibt, vor dem sie nicht wirksam waren und in dem Sinne zukunftsewig, dass es keinen zukünftigen Zeitpunkt gibt, nach dem sie nicht mehr wirksam sind. Bei der Annahme vergangenheitsewiger Naturgesetze ist die Frage nach ihrem Schöpfer obsolet. Im Grundsatz ist es dann unerheblich, ob wir die Naturgesetzte Naturprinzip, Schöpfergeist, Gott oder sonst wie nennen. Dennoch widerspricht diese Sichtweise dem allgemeinen Gottesbegriff. Denn die Naturgesetzte sind weder omnipotent, omniszient und auch nicht tranzendent. Das einzige, was sie sind, sie sind offenbar omnipräsent und unumstößlich (inexpugnabilis).

Eine Schwierigkeit im Zusammenhang mit der Annahme der Existenz eines Gottes stellt sich spätestens dann ein, wenn man die weitere Entwicklung des Universums, nachdem es einmal „gezündet" war, unumstößlichen Naturgesetzen zuschreibt. Dann gibt es für eine göttliche Macht keinen Entscheidungsspielraum mehr. Das heißt dann aber auch, dass es keinen allmächtigen Gott geben kann. Allmächtig sollte Gott aber schon sein. Aus diesem Dilemma kommt man meines Erachtens ohne geistige Klimmzüge und Verrenkungen nicht heraus. Man könnte zum Beispiel annehmen, dass Gott weiß, was seine Naturgesetzte in Zukunft anrichten werden, er also allwissend ist, er andererseits seine Allmacht aber nicht ausspielen will. Das aber sind Legenden und zusätzliche Hypothesen und gehören unters Messer. Wenn ich das bisher Gesagte zusammenfasse, dann sieht es aus meiner Sicht ziemlich schlecht aus für die Annahme der Existenz des Allmächtigen.

Ich denke, Gott ist zunächst einmal eine Idee des Menschen. Man könnte auch sagen, Gott ist eine effektive Theorie, die die Existenz der Welt und die des Menschen in dieser Welt und beider Sinnhaftigkeit, also letztlich das „Warum" der Existenzen erklären kann. Ich bin stolz auf diese meine Erkenntnis: Gott ist eine effektive Theorie! „In der Physik ist eine effektive Theorie ein Gerüst, mit dem sich bestimmte beobachtete Phänomene modellieren lassen, ohne alle fundmentalen Prozesse im Detail zu beschreiben" (siehe in „Der große Entwurf" von Stephen Hawking). Dummerweise ist meine Gottestheorie nicht in der Lage, Vorhersagen zu treffen, was man von einer „guten" physikalischen Theorie aber erwartet.

Meine Argumentation bringt auch, jedenfalls aus meiner bescheidenen Sicht, das sogenannte Kalam-kosmologische Argument zu Fall. Darauf werde ich nun noch eingehen.

Hinweis:

Kalam (arabisch) bezeichnet im Islam die Wissenschaft, die die Fähigkeit verleiht, die eigenen Glaubenslehren mit rationalen Argumenten zu begründen und Zweifel von ihnen abzuwenden.

Die Kalam-kosmologische Argumentation geht auf den muslimischen Theologen Al-Ghazali zurück, der im 12. Jahrhundert in Persien, dem heutigen Iran, lebte. Er behauptet in einem seiner Werke, dass die Vorstellung eines Universums ohne Anfang absurd sei. Das Universum müsse einen Anfang haben, und weil nichts ohne Ursache zu existieren beginnt, müsse es einen transzendenten Schöpfer des Universums geben. An dieser Stelle könnte ich eigentlich aufhören. Ich teile zwar die Auffassung, dass nichts ohne Ursache beginnen kann zu existieren. Im Gegensatz zur Kalam-kosmologischen Argumentation sehe ich allerdings als Ursache nicht notwendig einen transzendenten Schöpfer. Aus meiner Sicht täten es eine Nummer kleiner auch die Naturgesetzte. Aber sehen wir uns die Argumentation des Al-Ghazali an. Sie wurde in einer Vorlesung behandelt, die Prof. Craig (Prof. Dr. William Lane Craig, Professor der Philosophie an der Talbot School of Theology und Professor der

Philosophie an der Houston Baptist University) im Jahr 2015 an der Universität von Birmingham hielt, wo er einst über das kalam-kosmologische Argument promoviert hatte. Die Vorlesung führte seinerzeit zu einer Art Wiederbelebung des Kalam-Arguments. Ghazali argumentierte verkürzt wie folgt (siehe „de.reasonablefaith.org/schriften/popularwissenschaftliche-schriften/das-emkalam-em-kosmologische-argument"):

1. Alles, was anfängt zu existieren, hat eine Ursache.

2. Das Universum hat angefangen zu existieren.

3. Also hat das Universum eine Ursache für seinen Anfang.

An dieser Stelle könnte ich eigentlich schon aufhören: Das Universum hat eine Ursache für seinen Anfang. Und wo ist das Problem? Die Ursache für seinen Anfang sind die Naturgesetze, was denn sonst?

Aber sehen wir uns das Kalam-Argument im Einzelnen an. Zur ersten Prämisse sagt Craig unter anderem: „Allgemeine Erfahrungen und naturwissenschaftliche Belege bestätigen die Aussage unter 1. Die Wissenschaft der Kosmogonic stützt sich auf die Annahme, dass es kausale Bedingungen für die Entstehung des Universums gibt. Es ist also schwer verständlich, dass ein Anhänger der modernen Naturwissenschaften bestreiten könnte, dass es plausibler ist, dass Prämisse 1 im Lichte der Belege wahr ist, und nicht falsch…Ich denke daher, dass die erste Prämisse des kalam-kosmologischen Arguments eindeutig wahr ist".

Den Wahrheitsgehalt der zweiten Prämisse überprüft Craig mit philosophischen, mathematischen und naturwissenschaftlichen Argumenten. Ich gehe auf einige dieser Argumente ein. Das erste lautet etwa so: Wenn das Universum keinen Anfang gehabt haben soll, dann müsste es bis jetzt unendlich viele Ereignisse gegeben haben. Eine unendliche Anzahl von Dingen könne es aber aktuell und zu jeder anderen Zeit nicht geben, so die Argumentation von Ghazali. Er anerkannte zwar, dass eine potentiell unendliche Menge von Dingen existieren könne, aber keine aktuell bzw. tatsächlich unendliche Menge. Die potentielle Unendlichkeit diene lediglich als eine ideelle Grenze, die nie erreicht werde. Die Annahme, dass eine aktuell unendliche Menge von Ereignissen existiere, führe zu Absurditäten, die nur dadurch ausgeräumt werden könnten, dass man die Annahme für nicht wahr erklärt (siehe beispielsweise auch über das sogenannte Hilbert-Hotel in „Nik, der kleine Mathematiker"). Das heißt, die Anzahl von Ereignissen in der Vergangenheit kann nicht tatsächlich unendlich sein. Das Universum kann deshalb nicht ohne Anfang sein; es hat angefangen zu existieren. Craig verwendet im Weiteren auch naturwissenschaftliche Argumente, insbesondere die allgemein anerkannte Theorie vom heißen Urknall, die einen absoluten Anfang des Universums annimmt. Wenn dieses Modell „wahr" sein sollte, ist es eine naturwissenschaftliche Bestätigung für die zweite Prämisse des kalam-kosmologischen Arguments. Zusätzlich gelang den Kosmologen Arvind Borde, US-Amerikanischer Mathematiker, Physiker und Astronom, Alan Guth (* 1947), US- amerikanischer Physiker und Kosmologe und Alexander Vilenkin (* 1949), ukrainisch-US-amerikanischer theoretischer Physiker, im Jahre 2003 der Nachweis, dass sich ein Universum, das sich über seine Existenzgeschichte hinweg durchschnittlich gesehen in einem Zustand der kosmischen Ausdehnung befindet, keine unendliche Vergangenheit haben kann, sondern einen Anfang gehabt haben muss. 2012 belegte Vilenkin, dass Modelle, die diese eine Bedingung der Ausdehnung nicht erfüllen, es aus anderen Gründen trotzdem nicht schaffen, den Anfang des Universums zu vermeiden. Vilenkins Schlussfolgerung ist denn auch: „Keines dieser Szenarien kann tatsächlich eine unendliche Vergangenheit haben." Und weiter „Alle Belege, die wir haben, sagen aus, dass das Universum einen Anfang hatte." Das Borde-Guth-Vilenkin-Theorem sagt aus, dass die Raumzeit – unter einer einzigen, sehr allgemeinen Bedingung – nicht unendlich in die Vergangenheit ausgedehnt werden kann, sondern irgendwann in der endlichen Vergangenheit einen Grenzpunkt erreichen muss. Und entweder gab es etwas auf der anderen Seite des Grenzpunktes oder nicht. Wenn nicht, dann ist dieser Grenzpunkt eben der Anfang des Universums. Wenn es etwas auf der anderen Seite gegeben haben sollte bzw. gibt, ist das eine Region, die wissenschaftlich noch ziemlich im Dunklen liegt. Unabhängig von den wissenschaftlichen Ergebnissen behauptet Vilenkin, dass diese Region dann auch einen Anfang gehabt haben muss. Dies alles hört sich ziemlich kompliziert an, ist es wohl auch. Andrei Linde (* 1948), russischer Kosmologe, um auch das noch los zu werden, behauptet hingegen, dass der Kosmos auch vergangenheitsewig sein kann: „Es ist einfach unklar, ob es einen einzigen Moment gab, vor dem der Kosmos nicht existierte. Ich sage nicht, dass sich die Inflation ewig in die Vergangenheit erstreckt. Ich weiß es nicht. Aber wer behauptet, es sei nicht so, bleibt den Beweis schuldig. Ich sehe einen solchen Beweis nicht". Aber es gibt eine weitere physikalische Bestätigung dafür, dass das Universum einen Anfang hatte. Diese lässt sich zurückführen auf den 2. Hauptsatz der Thermodynamik. Nach diesem fundamentalen physikalischen Gesetz wird ein abgeschlossenes System, dem keine Energie zugeführt wird, zunehmend „unordentlicher". Die Physiker sagen, seine Entropie, die als Maß für die Unordnung gilt, strebt einem maximalen Wert zu. Bezogen auf das abgeschlossene und expandierende System Universum bedeutet dies, dass das Universum einem Zustand zustrebt, der auch als Kältetod bezeichnet wird (siehe im Kapitel „Über das Ende des Diesseits"). Die verschiedenen Regionen des Universums entfernen sich auf Grund der beschleunigten Expansion immer schneller voneinander. Jede isolierte Region wird dunkel, kalt, ausgedünnt und letztlich „tot" sein. Hier stellt sich die Frage: Warum ist die Welt, zumindest unsere Region, nicht schon längst in diesem Zustand, wenn das Universum schon eine unendlich lange Zeit existieren sollte?

Hinweis:

Es ist klar, Menschen, die einen Weltenschöpfer am Werk sehen, brauchen diesen Anfang. Deshalb war auch die Urknalltheorie in den entsprechenden Kreisen willkommen. Ich denke, es handelt sich dabei um eine Atempause auf dem Weg der Erkenntnis, gewissermaßen um eine Erholungsphase bis zum nächsten „Knall", der mit Bestimmtheit kommen wird.

Die drei Positionen des kalam-kosmologischen Arguments sind wohl nicht widerlegbar. Die Schlussfolgerung allerdings ist mir, wie oben schon ausgeführt, nicht zugänglich. Falls es nämlich keine physikalische Ursache für die Entstehung des Universums geben soll, es deshalb vernünftig sei anzunehmen, dass die Ursache eine Person ist, die das Universum erschaffen hat (siehe noch einmal Benedikt Göcke, „Existiert

Gott? - Newsportal - Ruhr-Universität Bochum (rub.de)"), ist mir dann doch zu weit hergeholt. Wer aber hat jemals behauptet, dass es für die Entstehung des Universums keine physikalische Ursache gibt? Eine wissenschaftliche Stimme, die diese Ansicht vertritt, habe ich jedenfalls nicht gefunden. Außerdem frage ich mich erneut mit Carl Sagan, dem US-amerikanischen Astronomen, warum diese Person, die das Universum erschaffen hat und ja wohl existieren soll – wenn auch möglicherweise nur als rein geistiges Wesen – keine Ursache haben soll. Sie ist also schon immer existent und hat aus göttlicher Langeweile heraus das Universum geschaffen, möglicherweise gar unendlich viele Universen? Diese Theorie ist verglichen mit der These, dass die Ursache für die Entstehung des Universums „ewig" geltende Naturgesetzte sind – zumindest mit der Ockhamschen Brille betrachtet – sogar schwächer. Die Naturgesetzte existieren schließlich. Sie sind nur auf „immer" auszudehnen, während die Person, die das Universum erschaffen haben soll, komplett erfunden werden muss. Letztlich bleibt uns nur eins: an die Existenz eines Gottes zu glauben oder nicht zu glauben. Weder die Wissenschaft noch die andere Seite, wer auch immer das ist – die Theologie, die Philosophie? – werden jemals in der Lage sein, die Existenz eines Gottes zu beweisen. Das jedenfalls behaupte ich. Und wer um Gottes Willen will diese meine Behauptung widerlegen?

Warum existiert die Welt?

Warum existiert die Welt oder anders gefragt, warum hat sie angefangen zu existieren oder auch warum wurde sie erschaffen, falls sie denn erschaffen wurde?

Dem „Wie entstand die Welt" ist die Wissenschaft schon ziemlich nahe gekommen, wenn auch noch viele Fragen offen und Überraschungen nicht auszuschließen sind. Die Frage aber, warum die Welt existiert, kann von der Wissenschaft nicht beantwortet werden. Die Welt ist entstanden, weil es den Urknall gab ist trivialerweise keine befriedigende Antwort auf diese Frage, denn sie generiert unmittelbar die nächste, nämlich die Frage: „Warum gab es den Urknall?" Kurzum, die Frage nach dem „Warum" ist die Frage nach dem Grund, gewissermaßen die Frage nach dem Sinn der ganzen Veranstaltung. Wir wissen, dass unser Universum vor etwa 13,8 Milliarden Jahren entstanden ist und, falls alles richtig ist, was die Wissenschaft herausgefunden hat, wird es den Kältetod sterben. Oder Big Rip wird unser Universum zerreißen. Es wird zerplatzen, wie ein Ballon platzt, der über die Maßen aufgeblasen wurde. Dass dieses finale Zerplatzen nicht vor 30-50 Milliarden Jahren stattfinden soll, kann uns wahrscheinlich ein wenig trösten. Aber der offensichtliche „Un"-Sinn des Universums wird in Anbetracht dieser Vorstellung nur noch größer. Dass ein ganzes Universum für den Menschen gemacht wurde, einer wenig friedvollen Spezies, Bewohner eines winzigen Planeten, der einen ziemlich gewöhnlichen Stern umrundet, der mit gut 250 Milliarden Artgenossen Teil einer Welteninsel ist, von denen es geschätzt 200 Milliarden im sichtbaren Universum gibt, das kann kein Mensch mit Verstand annehmen wollen. Er müsste von allen guten Geistern verlassen sein. Und dennoch wird es geglaubt. Es wird geglaubt, dass es einen Gott gibt, der die Erde erschaffen hat, um mit den Menschen auf ihr einen göttlichen Plan zu erfüllen. Ich muss das christliche Glaubensbekenntnis noch einmal zitieren, damit du es glaubst, dass es noch immer geglaubt wird. Der erste Satz des christlichen Glaubensbekenntnisses bezeugt es: „Ich glaube an Gott, den allmächtigen Schöpfer des Himmels und der Erde". Eine andere Frage ist natürlich, wie viele es ernstmeinen damit. Davon abgesehen, der gläubige Jude, Christ und Moslem nimmt trivialerweise auch an, dass hinter der Schöpfung eines Absicht steckt bzw. gesteckt hat. Dass Gott das Universum und die Menschen und, wenn es denn so sein sollte, alle anderen Lebewesen des Universums aus Lust und Tollerei, gewissermaßen aus einer Laune heraus erschaffen hat, um mit ihnen irgendwelche Spielchen zu treiben, das wird er nicht annehmen wollen. Und was ist dann die wirkliche Absicht? Ich habe folgende gefunden (siehe „Heilsgeschichte: Die ultimative Liebesgeschichte - erf.de"): „Am Anfang erschuf Gott die Welt – ‚Und Gott sah an alles, was er gemacht hatte, und siehe, es war sehr gut' (LUT). So steht es in 1. Mose 1,31. Aus Chaos wurde Ordnung, aus dem Nichts entstanden durch Gottes Wort Planeten, Pflanzen und Tiere. Nur eins fehlte noch zum völligen Glück. Gott wünschte sich ein Gegenüber, das er von ganzem Herzen lieben und das seine Liebe erwidern konnte. Sein einziger Wunsch und Antrieb: Eine liebevolle Gemeinschaft von Schöpfer und Geschöpf. Also schuf Gott den Menschen und hauchte ihm Leben ein. Adam und Eva wurden nach seinem Ebenbild erschaffen – mit freiem Willen und damit auch mit der Möglichkeit, sich gegen ihn zu entscheiden: Eine Wahlmöglichkeit, die ihn noch viel kosten würde". In diesem Stil geht es dann weiter. Zusammengefasst sind wir also da, um Gott glücklich zu machen. Irgendwie scheint dieses Vorhaben aus dem Ruder gelaufen zu sein. Ein Blick auf bzw. in die Welt bestätigt meine Ansicht. Ich lasse noch einmal Karlheinz Deschner zu Wort kommen: „Die Welt schaut aus, dass man ihr keine Stunde voll ins Gesicht sehen kann, ohne verrückt zu werden". Und ich schäme mich fremd für Angehörige meiner Art, die derartigen „Un-Sinn" über die Frage nach dem „Warum" der Existenz des Universums und letztlich unserer Existenz verbreiten. Und es gibt noch abstrusere Erzählungen (siehe beispielsweise unter „Warum hat Gott die Menschen erschaffen? - Bibelworte.net"): „Wenn wir die Schöpfungsgeschichte lesen, stoßen wir auf den ersten Hinweis für Gottes Grund, Menschen zu erschaffen. Im ersten Kapitel der Bibel lesen wir ‚So schuf Gott den Menschen als sein Abbild, ja, als Gottes Ebenbild' (1. Mose 1,27). Warum haben wir Bilder von Menschen? Wenn es auf einem öffentlichen Platz in einer Stadt eine Statue eines berühmten Königs oder Soldaten oder Künstlers gibt, dann ist sie dazu da, um diese

Person zu ehren. Wenn Gott beschließt, diese Erde mit sieben Milliarden Bildern von sich selbst zu bevölkern, dann können wir vermuten, dass er sich damit selbst ehren will. Dieser Gedanke wird bestätigt wenn wir in Jesaja 43,7 lesen: ‚Denn sie alle gehören zu dem Volk, das meinen Namen trägt. Ich habe sie zu meiner Ehre geschaffen, ja, ich habe sie gemacht'. Wenn wir den ganzen Abschnitt lesen, ist es klar, dass es hier um Israel geht, das nach dem Exil in sein Land zurückkehren wird. Dennoch wird die Sprache der Schöpfung verwendet. Das zeigt, dass das, was hier über Israels Bestimmung gesagt wird, nicht nur für Israel gilt. Es gilt für jedes geschaffene menschliche Wesen: Sie sind ‚zu meiner Ehre' geschaffen. Die Menschen existieren also, um Gott die Ehre zu geben. Zum Teil tun sie dies einfach durch ihre Existenz. Jeder Mensch ist ein lebendiges Abbild Gottes und gibt auf diese Weise Gott die Ehre. Teilweise geben Menschen Gott die Ehre, indem sie Ihn anbeten. Und zum Teil, wahrscheinlich hauptsächlich, geben Menschen Gott die Ehre, weil Gott sich in ihrer Erlösung durch Jesus verherrlicht."

Ich erlaube mir, diese Erzählung erneut mit den Worten Karlheinz Deschners zu kommentieren: „Je größer der Dachschaden, desto schöner der Ausblick zum Himmel." Es tut mir aufrichtig leid und ich schäme mich erneut fremd für diese Gehirnakrobaten und Märchenerzähler. Aber zurück zur eigentlichen Frage: Ich gehe davon aus, dass wir die Frage des „Warum" niemals beantworten können. Die Antwort kann nur Gott geben, falls er denn existieren sollte. Aber der schweigt. Und was dieser gegebenenfalls mit der Welt und den Menschen vorhat, wird wahrscheinlich auf alle Zeiten Spekulation bleiben. Wieder einmal ist es im Sinne Ockhams so: Das Universum und alles, was aus ihm hervorgeht, haben keinen Sinn, denn die Naturgesetze kennen keine Absichten und keine Gefühle. Sie sind blind und nicht zuletzt menschenblind.

Die Zukunft der Menschheit

Sprechen wir noch über die Zukunft der Menschheit. Sicher ist, wie wir bereits wissen, dass die Sonne unseren Planeten in 600 bis 1.200 Millionen Jahren derart aufgeheizt haben wird, dass höhere Lebensformen nicht mehr existieren können und insbesondere menschliches Leben nicht mehr möglich sein wird. Dann ist also endgültig Schluss. Oder finden wir bis dahin eine andere galaktische Heimat? Wahrscheinlicher ist, dass sich die Menschheit bis dahin selbst schon um den Verstand und die Ecke gebracht haben wird. Aber verweilen wir einen Moment bei der Bedeutung bzw. der Unbedeutsamkeit der Menschheit und ihres Planeten. Unter raumzeitlicher Perspektive betrachtet sind die Menschheit und ihr Planet denkbarst unbedeutend. Über die Unbedeutsamkeit der Menschenheit, jedenfalls in zeitlicher Hinsicht, lässt sich eine Vorstellung gewinnen, wenn man das Alter des Universums mit einem Erdenjahr vergleicht wie beispielsweise Schmidt-Salomon in seinem Buch „Keine Macht den Doofen" (siehe Literaturverzeichnis). Der Urknall wird dabei auf den 1. Januar null Uhr gelegt. In diesem kosmischen Kalender erscheint die Spezies Mensch erst auf der Bildfläche, als das Jahr beinahe schon zu Ende ist, kurz vor Start des neuen Jahres, genauer siebeneinhalb Minuten bevor die Glocken das neue Jahr einläuten. Die Böllerschüsse und Sirenen sind allerdings noch nicht ganz verstummt, da ist es schon vorbei mit „Homo fluxus", dem vergänglichen Menschen. Es wäre tatsächlich ein Wunder, würde er die siebeneinhalb Minuten des neuen Jahres überleben. Das wären noch einmal 200.000 Jahre und ziemlich unwahrscheinlich. Sollte er es wider Erwarten schaffen, dann ist es allerspätestens um den 27. Januar herum endgültig vorbei. Zufälligerweise ist das mein Geburtstag. Unsere Sonne wird sich dann so weit aufgebläht haben, dass höher entwickelte Organismen auf der Erde nicht mehr existieren können.

Wenn es Homo sapiens tatsächlich gelingen sollte, noch einmal wenigstens 200.000 Jahre zu überleben, dann wäre er in unserem kosmischen Kalender gerade mal eine viertel Stunde alt geworden. Wahrlich kein Alter, aus dem man eine nennenswerte Bedeutung ableiten sollte. Aber ich denke, dass der Mensch schon lange davor selbst dafür gesorgt haben wird, dass es ihn nicht mehr gibt. Das ist keine besonders gut begründete Hypothese, eigentlich nur ein Gefühl. Gegen den Untergang der Erde in Millionen von Jahren können wir trivialerweise nichts unternehmen. Wir können auch nicht verhindern, dass der Impakt eines Himmelskörpers oder die Gravitation eines vorbeiziehenden Sterns die Erde zerstört oder aus ihrer Bahn wirft. Gegen andere Risiken könnten wir durchaus etwas tun. Stichworte sind: Globaler Atomkrieg, künstliche und sogar natürliche Pandemien, künstliche Intelligenz und anthropogen verstärkter Klimawandel. Die Risikominderungsmaßnahmen lassen insgesamt allerdings keine allzu große Hoffnung aufkommen.

Zivilisationen sind in der Vergangenheit immer wieder kollabiert. Mehr oder weniger alle Zivilisationen haben dieses Schicksal erleiden müssen. Einige konnten sich wiederbeleben wie zum Beispiel China und Ägypten, andere haben sich nie erholt. Dazu zählt zum Beispiel das Reich der Mayas. Eine kollabierte Zivilisation kann auf einen primitiveren Stand fallen, von einer überlegenen Zivilisation aufgenommen werden oder völlig untergehen. Gründe für einen Kollaps sind Naturkatastrophen, Kriege, Hungersnöte, Epidemien, Pandemien, Entvölkerung, Umweltveränderungen, Ressourcenknappheit, Verfall des sozialen Zusammenhalts, wachsende soziale Ungleichheit sowie Rückgang kognitiver Fähigkeiten und Kreativität. In jüngster Zeit wird von einer wachsenden Zahl an Wissenschaftlern unterschiedlicher Disziplinen vor dem möglichen oder sogar zunehmend wahrscheinlicheren Zusammenbruch von großen Teilen oder sogar der gesamten menschlichen Zivilisation gewarnt. Als mögliche Ursachen des befürchteten globalen Zivilisationszusammenbruchs gelten unter anderen (siehe „de.wikipedia.org/wiki/Weltuntergang"):

- o die weltweite soziale Ungleichheit (Armut, Bildung, Gesundheit, sozialräumliche Trennung),
- o die unzureichenden zwischenstaatlichen Kooperationen sowie
- o das Überschreiten sogenannter planetarer Belastungsgrenzen wie beispielsweise die sich verschärfende Klimakrise und das globale Artensterben.

Damit bin ich beim Klimawandel angekommen. Die Klimaleugner unter uns wissen, dass es schon immer Klimaveränderungen gab. Sie haben natürlich recht. Es gab auch schon Klimaveränderungen bevor der Mensch auf diesem Planeten aufgeschlagen ist. Und, um das noch hinzuzufügen, es gab auch schon Waldbrände, bevor der Mensch das Feuer erfunden hat. Jede Veränderung des Klimas hatte und hat ihre eigene physikalische Ursache und Geschichte. Die derzeit stattfindende wird von den Treibhausgasen befeuert, die der Mensch seit Beginn der Industrialisierung ungebremst und unverfroren in die Atmosphäre bläst. Daran gibt es keinen ernstzunehmenden wissenschaftlich begründeten Zweifel. Die Erde erwärmt sich zurzeit so schnell, wie noch nie in ihrer bisher bekannten Geschichte. Eine Blaupause für die derzeitige Entwicklung ist ein Ereignis, das sich etwa 55 bis 56 Millionen Jahren vor unserer Zeit zugetragen hat. Das sogenannte PETM-Ereignis (PETM von Paläozän/Eozän-Temperaturmaximum) gilt gewissermaßen als Lehrstück für die heutige Situation, weil es für eine abrupte Klimaveränderung steht, die mit einer ebenso plötzlichen Zunahme der Treibhausgaskonzentration verbunden war (siehe zum Beispiel bei „Nik, der kleine Klimaversteher"). Die Ursache für den seinerzeitigen plötzlichen Eintrag von Treibhausgasen in die Atmosphäre ist noch nicht endgültig geklärt. Diskutiert werden starke Vulkantätigkeit, der Impakt eines Himmelskörpers und freiwerdende Methangasmengen. Die Wissenschaft ist sich weitestgehend einig, dass der Ausstoß der Treibhausgase während des 21. Jahrhunderts im Jahresdurchschnitt jenen des PETM um etwa das Zehnfache übertrifft. Wenn sich das als richtig herausstellen sollte, dann hat Sven Plöger wohl recht, wenn er sagt: „Zieht euch warm an, es wird heiß" (siehe Literaturverzeichnis). Die Frage bleibt: sollen wir unsere Kräfte bündeln, um unseren Planeten zu retten oder sollen wir sie bündeln, um irgendwann eine neue galaktische Heimat zu finden. Die Frage ist allerdings rein rhetorischer Natur. Wir sind nämlich nicht in der Lage, die Kräfte zu bündeln, die notwendig wären, weder für das eine noch das andere Vorhaben. Damit bin ich bei dem Punkt der „unzureichenden zwischenstaatlichen Kooperation" angelangt. Dass meine These richtig ist, jedenfalls was das erst genannte Vorhaben angeht, dafür gibt es spätestens seit dem 8. August 2017 einen schlagenden Beweis: Donald Trump, seinerzeit Präsident der Vereinigten Staaten von

Amerika, des immer noch mächtigsten Staates dieser Erde, hat um 15.35 Uhr des 8. August 2017 im Rosengarten vor dem Weißen Haus Folgendes verkündet: „Die Vereinigten Staaten werden sich zurückziehen aus dem Pariser Klimaschutzabkommen ... ". Vor der Ankündigung seiner Kündigung hatte er nicht versäumt, seinen Zuhörern und Zusehern – wahrscheinlich die halbe Welt – über seine gerade erzielten unglaublichen Erfolge zu berichten, auf die „unglaublich hervorragende Entwicklung" der amerikanischen Wirtschaft. Er habe gerade „eine unglaublich erfolgreiche Reise hinter sich, glaubt mir", sagte er mit dem Hinweis auf die Rüstungsdeals und sonstigen Wirtschaftsabkommen in Höhe von „unglaublichen" „rund 350 Milliarden Dollar" insbesondere mit Saudi-Arabien. Er fügte hinzu: „Und glaubt mir, wir haben gerade erst begonnen." Ja, und dann kam die Kündigung. America First: Trump begründete den Ausstieg aus dem Klimaabkommen unter anderem mit der Feststellung, er repräsentiere schließlich „Pittsburgh, nicht Paris". Der Bürgermeister von Pittsburgh, Bill Peduto, reagierte darauf ziemlich empört: „Pittsburgh steht an der Seite der Welt und wird die Kriterien des Pariser Abkommens einhalten". Wieso Trump ausgerechnet Pittsburgh als Rechtfertigung für einen Ausstieg aus dem Pariser Klimaschutzabkommen angeführt hat, bleibt wohl sein Geheimnis. Die Pittsburgher jedenfalls haben mehrheitlich die Clinton gewählt. Die Welt, genauer unser Planet, ist wohl doch ein Tollhaus. Das alles ist ziemlich unglaublich. Aber es ist wahr. Donald Trump machte seine Wahlkampfversprechen wahr. Endlich einmal ein Politiker, der tut, was er verspricht bzw. versprochen hat! Das amerikanische Volk konnte das möglicherweise nicht ahnen, als es ihn gewählt hat. Schließlich erfüllen Politiker nur selten ihre Wahlversprechen. Wenn es tatsächlich an die Realisierung der Wahlversprechen des Donald Trump geglaubt haben sollte, dann gilt wohl doch, was Karlheinz Deschner einmal gesagt hat: „Der hundertprozentige Amerikaner ist ein neunzigprozentiger Idiot, sagt George Bernhard Shaw. Und sind, vorsichtig gefragt, nicht fast neunzig Prozent der Amerikaner fast hundertprozentige Amerikaner?" Aber das ist noch nicht alles. Es waren seinerzeit noch keine acht Jahre vergangen, als Donald Trump noch ein Klimaretter war. Man kann natürlich der Meinung sein, dass acht Jahre in unserer schnelllebigen Zeit eine halbe Ewigkeit sind und warum sollte man nicht seine Meinung ändern können innerhalb so langer Zeit: „Lieber Präsident Obama, wir unterstützen Ihre Anstrengungen, bedeutende und effektive Maßnahmen zur Kontrolle des Klimawandels zu ergreifen", schrieb eine Handvoll Wirtschaftsbosse am 6. Dezember 2009 in einem offenen Brief ans Weiße Haus. „Wenn wir es nicht schaffen, jetzt dagegen vorzugehen, ist es wissenschaftlich unwiderlegbar, dass es katastrophale und unumkehrbare Folgen für die Menschheit und unseren Planeten geben wird." Zu den Unterzeichnern zählte Donald Trump, mitsamt seinen erwachsenen Kindern Donald Junior, Eric und Ivanka. Aber zurück zur Kündigung des Klimaschutzabkommens. Das Beste an der Kündigung war der Termin ihres Wirksamwerdens. Einen Tag nach der Amtsperiode des narzistischen Trump sollte sie wirksam werden. Es bestand seinerzeit also durchaus noch Hoffnung, dass Trump auf unserem Planeten keine allzu tiefen Gräben hinterlassen würde. Obgleich es auch heute noch ungewiss ist, was der erratische Trump noch alles anstellen wird. Aber immerhin, der 46. Präsident der Vereinigten Staaten, Joe Biden, hat sein Versprechen wahrgemacht: Am Tag seiner Amtseinführung hat er die Wiederaufnahme seines Landes als Vertragspartei der Übereinkunft von Paris beantragt. Seit dem 19.02.2021 sind die USA wieder mit den anderen 189 Staaten gegen den Klimawandel in einem Boot. Es hätte also tatsächlich Hoffnung aufkommen können, dass die Menschheit doch noch vernünftig wird. Aber Trump schickt sich an, erneut Präsident der USA werden zu wollen und es ist zu erwarten, dass er bei seiner Aussage bleibt: Die Klimaveränderung sei nämlich eine Mär, neudeutsch also ein Fake, eine Falschmeldung, die die Chinesen erfunden hätten, um Amerika zu ärgern. Und noch ein eher kleines Beispiel: In der „Zeit" vom 3. Juni 2017 liest man unter der Überschrift „CDU-Rechte fordern Abschied von deutschen Klimazielen". Es ist bekannt, die Rechten halten nun einmal nicht so viel vom Klimawandel. Ich selbst denke, die Menschheit wird es nicht schaffen, die Erderwärmung zu stoppen. Sie kann ihren Untergang möglicherweise noch eine kleine Weile hinausschieben, ihm aber letztendlich nicht entkommen. Ich weiß, meine Hypothese spiegelt nur ein Gefühl. Sie entbehrt jedweder wissenschaftlicher Analyse. Aber es wird so kommen und Gott wird keinen Finger rühren, um seine Ebenbilder vom Untergang zu bewahren. Und es wird kein schönes Ende, um das noch hinzuzufügen. Ohne Trost möchte ich

allerdings mein Büchlein nicht verlassen. Dirk Peter Jörg Steffens (*
1967), deutscher Journalist und Fernsehmoderator, sagte im Angesicht
des Zustandes der Welt: „Optimismus ist eine Verpflichtung". Zugege-
ben, es fällt mir ausgesprochen schwer, optimistisch zu sein. Ich kann
nur hoffen, dass Steffens mehr weiß als ich.

Ich tröste mich mit einem, wenn auch unerfüllbaren Wunsch, den keiner
besser ausdrücken kann als Karlheinz Deschner: „Warum also nicht alles metaphysische Gemunkel preisgeben, jeden religiösen und nicht religiösen Absolutheitsanspruch, jede religiöse und nicht religiöse Intole-
ranz? Warum nicht friedlich und freundlich werden, zum Wissen erzie-
hen, soweit man wissen kann, und zur Liebe – in einem kurzen Leben
auf einer änigmatischen Welt?"

LITERATUR

1: Aigner, Fabian: Esoterischer Unfug mit der Welt der Quanten. www.profi.at/wissenschaft/esoterischer-unfug-welt-quanten-8127117 (30.12.2017)

2: Becker, Klaus: Nik, der kleine Mathematiker, BoD, Norderstedt 2019, ISBN 9 783750 405080

3: Becker, Klaus: Nik, der kleine Physiker, BoD, Norderstedt 2020, ISBN 9 783751 949408

4: Becker, Klaus: Nik, der kleine Kosmologe, BoD, Norderstedt 2021, ISBN 9 783750 470620

5: Becker, Klaus: Das expanierende Universum, Eine mathematische Reise durch die Zeit, Pro BUSINESS Verlag, Berlin 2011, ISBN 978-3-86805-870-3

6: Becker, Klaus: Nik, der kleine Klimaversteher, BoD, Norderstedt 2021, ISBN 9 783755-741671

7: Becker, Klaus: Ein Weltbild ohne Legenden, Ein Plädoyer für ein realistisches Weltbild, BoD, Norderstedt 2013, ISBN 9 783732 2

8: Becker, Klaus: Weltsicht; Über den Kosmos, die Natur und das Leben, über Tiere, Menschen und Götter, BoD, Norderstedt, 2019, ISBN 9 783748137245

9: Gaßner, Josef M., Jörn Müller: Können wir die Welt verstehen? Meilensteine der Physik von Aristoteles zur Stringtheorie; S. Fischer Verlag GmbH, Frankfurt am Main, 2019, ISBN 97810-397481-2

10: Hawking, Stephen W.: Der Große Entwurf Eine neue Erklärung des Universums; Rowohlt Verlag GmbH, Reinbeck bei Hamburg 2010, ISBN 978-3-498-02991-3

11: Plöger, Sven: Zieht euch warm an, es wird heiß! Den Klimawandel verstehen und aus der Krise für die Welt von morgen; Westend Verlag GmbH, Frankfurt/Main, 7. Auflage 2020, ISBN 978-3-86489-286-8

12: Schmidt-Salomon, Michael: Manifest des evolutionären Humanismus; Plädoyer für eine zeitgemäße Leitkultur, Alibri Verlag Aschaffenburg, 2006, ISBN 3-86569-011-4

13: Schmidt-Salomon, Michael: Keine Macht den Doofen; Eine Streitschrift; Piper Verlag 2012, ISBN 978-3-492-95579-9